Grammar Joy
중등 영문법

3b

 **POLY BOOKS**

저자 **이 종 저**

이화여자대학교 졸업
Longman Grammar Joy 1, 2, 3, 4권
Longman Vocabulary Mentor Joy 1, 2, 3권
I am Grammar 1, 2권
Grammar & Writing Level A 1, 2권 / Level B 1, 2권
Polybooks Grammar joy start 1, 2권
Polybooks Grammar joy 1, 2, 3, 4권
Polybooks Grammar joy 중등 영문법 1a,1b,2a,2b,3a,3b권
Polybooks 문법을 잡아주는 영작 1, 2, 3, 4권
Polybooks Grammar joy & Writing 1, 2, 3, 4권
Polybooks Bridging 초등 Voca 1, 2권
Polybooks Joy 초등 Voca [phonics words] 1, 2권

지지 **박 영 교**

서울대학교 졸업
前 강남 IVY 영어학원 대표 원장
Polybooks Grammar joy 중등 영문법 1a,1b,2a,2b,3a,3b권
길벗스쿨 한 문장 영어독해 무작정 따라하기

감수 **Jeanette Lee**

Wellesley college 졸업

Grammar Joy 중등 영문법 3b

지은이 | 이종저, 박영교
펴낸곳 | POLY books
펴낸이 | POLY 영어 교재 연구소
기 획 | 박정원
편집디자인 | 박혜영

초판 1쇄 인쇄 | 2015년 10월 30일
초판 20쇄 인쇄 | 2023년 4월 15일

POLY 영어 교재 연구소
경기도 성남시 분당구 황새울로 200번길 28, RA1128호
전 화 070-7799-1583 Fax (031) 716-1583

ISBN | 979-11-86924-83-9
       979-11-86924-77-8 (세트)

Grammar Joy
중등 영문법

3b

POLY BOOKS

Preface

먼저 그 동안 Grammar Joy Plus를 아껴 주시고 사랑해 주신 분들께 감사를 드립니다. 본 책의 저자는 Grammar Joy Plus를 직접 출간하게 되었습니다. 저자가 직접 출간하게 된 만큼 더 많은 정성과 노력을 들여 미흡하였던 기존의 Grammar Joy Plus를 완전 개정하고 내신문제를 추가하였으며, 책 제목을 Grammar Joy 중등영문법으로 바꾸어 여러분께 선보이게 되었습니다.

모든 교재에서 키포인트는 저자가 학생들의 눈높이를 아는 것입니다. 같은 내용의 문법을 공부하더라도 그 내용을 저자가 어떻게 쉽게 풀어 나가느냐 하는 것이 가장 중요하며, 이에 비중을 두어 만든 교재야말로 최상의 교재라고 생각합니다. Grammar Joy 중등영문법은 저희가 오랜 현장 경험을 바탕으로 이 부분에 초점을 맞추어 만들었습니다.

첫째, 본 교재는 비록 처음 접하는 어려운 내용의 문법일지라도 학생들에게 쉽게 학습효과를 얻을 수 있도록 설명하였습니다. 학생들이 small step으로 진행하면서 학습 목표에 도달할 수 있도록 쉬운 내용부터 시작하여 어려운 내용까지 단계별로 구성하였습니다.

둘째, 시각적으로 용이하게 인식할 수 있도록 문제의 틀을 만들었습니다. 문장의 구조를 도식화하여 설명과 문제 유형을 만들었으므로, 어렵고 복잡한 내용도 쉽게 이해하고 기억에 오래 남을 수 있습니다.

셋째, 쉬운 단어로 구성했습니다. 학습자들이 문장 중에 어려운 단어가 많으면 정작 배워야 할 문법에 치중하지 못하고 싫증을 내고 맙니다. 따라서 학습자 누구나 단어로 인한 어려움 없이 공부할 수 있도록 단어를 선별하였습니다.

넷째, 생동감 있는 문장들을 익힐 수 있도록 하였습니다. 실생활에서 사용되어지는 문장들을 가지고 공부함으로써 현장에 적용시킬 수 있습니다.

다섯째, 풍부한 양의 문제를 제공합니다. 최대의 학습 효과를 얻기 위해서는 학생 스스로가 공부하는 시간을 많이 가지는 것입니다. 또한 많은 문제를 제공함으로 학생 스스로 문제를 풀어 가면서 문법 내용을 본인도 모르는 사이에 저절로 실력 향상을 이룰 수 있습니다.

본 교재를 비롯하여 Grammar Joy Start, Grammar Joy, Grammar Joy 중등영문법을 연계하여 공부한다면 Grammar는 완벽하게 이루어질 것입니다.

특히 저자가 직접 출간한 교재는 타사의 본 교재를 흉내낸 교재들이 따라 올 수 없는 차이점을 느끼실 수 있습니다. 아무쪼록 이 시리즈를 통하여 여러분의 영어 공부에 많은 발전이 있기를 바라며 함께 고생해 주신 박혜영, 박정원께도 감사를 드립니다.

저자 이종저 박영교

Contents

Series Contents

Guide to **This Book**

이 책의 구성과 특징을 파악하고 본 책을 최대한 여러분의
시간에 맞춰 공부 계획을 세워 보세요.

1 Unit별 핵심정리

예비 중학생들이 반드시 알아 두어야 할 문법
들을 체계적으로 간단 명료하게 unit별로 정리
하였습니다.

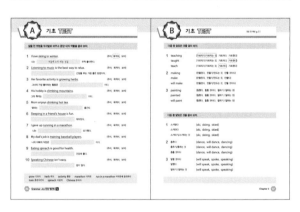

2 핵심 정리

좀 더 심화된 문법을 배우기전 이미 학습한 내
용을 정리하여 쉽게 복습할 수 있도록 하였습
니다.

3 기초 test

각 unit별 필수 문법을 잘 이해하고 있는지 기
초적인 문제로 짚어 보도록 합니다.

4 기본 test

기초 test 보다 좀 더 어려운 문제를 풀어 봄으
로써 핵심 문법에 좀 더 접근해 가도록 하였습
니다.

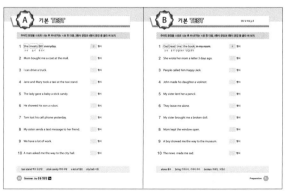

5 실력 test

좀 더 심화된 문제를 통하여 문법을 완성시켜 주도록 하였습니다.

6 내신대비

지금까지 배운 내용을 내신에 적용할 수 있도록 문제 유형을 구성하였고 이를 통해 시험 대비 능력을 키울 수 있도록 하였습니다.

7 종합 문제

본 책에서 공부한 내용을 총괄하여 문제를 구성하였으므로 이를 통하여 학습 성과를 평가할 수 있습니다.

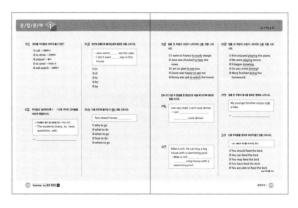

8 영단어 Quizbook

본 책의 학습에 필요한 단어들을 사전에 준비시켜 어휘가 문법을 공부하는데 걸림돌이 되지 않도록 하고 학생들의 어휘 실력을 향상시킬 수 있도록 준비하였습니다.

How to Use **This Book**

Grammar Joy 중등영문법 Series는 총 6권으로 각 권당 6주 총 6개월의 수업 분량으로 이루어져 있습니다. 학생들의 학업 수준과 능력, 그리고 학습 시간에 따라 각 테스트를 과제로 주어 교육 과정 조정이 가능합니다. 아래에 제시한 학습계획표를 참고로 학교진도에 맞춰 부분적으로 선별하여 학습을 진행할 수도 있습니다.

Month	Course	Week	Hour	Part	Homework/Extra
1st Month	Grammar Joy 중등 영문법 1a	1st	1 2 3	문장의 구성 부정사 A	▶chapter별 단어 test는 과제로 주어 수업 시작 전에 test
	Grammar Joy 중등 영문법 1a	2nd	1 2 3	부정사 B 동명사	▶각 chapter별 실전test는 과제로 주거나 각 chapter 수업 후 toct
	Grammar Joy 중등 영문법 1a	3rd	1 2 3	분사	
	Grammar Joy 중등 영문법 1a	4th	1 2 3	조동사	
2nd Month	Grammar Joy 중등 영문법 1a	1st	1 2 3	수동태	
	Grammar Joy 중등 영문법 1a	2nd	1 2 3	현재완료	
	Grammar Joy 중등 영문법 1b	3rd	1 2 3	명사와 관사	
	Grammar Joy 중등 영문법 1b	4th	1 2 3	대명사	
3rd Month	Grammar Joy 중등 영문법 1b	1st	1 2 3	형용사와 부사	
	Grammar Joy 중등 영문법 1b	2nd	1 2 3	비교 전치사	
	Grammar Joy 중등 영문법 1b	3rd	1 2 3	명사절과 상관 접속사	
	Grammar Joy 중등 영문법 1b	4th	1 2 3	부사절	▶종합 Test는 각 권이 끝난 후 evaluation 자료로 사용한다

Month	Course	Week	Hour	Part	Homework/Extra
4th Month	Grammar Joy 중등 영문법 2a	1st	1 2 3	부정사 A	▶chapter별 단어 test는 과제로 주어 수업 시작 전에 test
	Grammar Joy 중등 영문법 2a	2nd	1 2 3	부정사 B	▶각 chapter별 실전test는 과제로 주거나 각 chapter 수업 후 test
	Grammar Joy 중등 영문법 2a	3rd	1 2 3	동명사	
	Grammar Joy 중등 영문법 2a	4th	1 2 3	분사 구문	
5th Month	Grammar Joy 중등 영문법 2a	1st	1 2 3	조동사 수동태	
	Grammar Joy 중등 영문법 2a	2nd	1 2 3	완료	
	Grammar Joy 중등 영문법 2b	3rd	1 2 3	비교 명사절	
	Grammar Joy 중등 영문법 2b	4th	1 2 3	부사절과 접속부사	
6th Month	Grammar Joy 중등 영문법 2b	1st	1 2 3	관계대명사 A	
	Grammar Joy 중등 영문법 2b	2nd	1 2 3	관계대명사 B	
	Grammar Joy 중등 영문법 2b	3rd	1 2 3	시제의 일치와 화법	
	Grammar Joy 중등 영문법 2b	4th	1 2 3	가정법	▶종합 test는 각 권이 끝난 후 evaluation 자료로 사용한다

Month	Course	Week	Hour	Part	Homework/Extra
7th Month	Grammar Joy 중등 영문법 3a	1st	1 2 3	부정사	▶chapter별 단어 test는 과제로 주어 수업 시작 전에 test
	Grammar Joy 중등 영문법 3a	2nd	1 2 3	동명사	▶각 chapter별 실전Test는 과제로 주거나 각 Chapter 수업 후 test
	Grammar Joy 중등 영문법 3a	3rd	1 2 3	분사	
	Grammar Joy 중등 영문법 3a	4th	1 2 3	분사구문	
8th Month	Grammar Joy 중등 영문법 3a	1st	1 2 3	조동사	
	Grammar Joy 중등 영문법 3a	2nd	1 2 3	수동태 명사와 관사	
	Grammar Joy 중등 영문법 3b	3rd	1 2 3	대명사	
	Grammar Joy 중등 영문법 3b	4th	1 2 3	형용사와 부사	
9th Month	Grammar Joy 중등 영문법 3b	1st	1 2 3	비교	
	Grammar Joy 중등 영문법 3b	2nd	1 2 3	관계사	
	Grammar Joy 중등 영문법 3b	3rd	1 2 3	가정법	
	Grammar Joy 중등 영문법 3b	4th	1 2 3	전치사 특수 구문	▶종합 Test는 각 권이 끝난 후 evaluation 자료로 사용한다

Chapter 1

대명사

대명사란?

1 대명사 one과 it

> 🧊 one : 특별히 정해지지 않은 단수 명사를 나타낸다.

같은 종류를 나타낼 때	*ex.* I lost my smart phone last week. I have to buy one. 나는 지난 주 내 휴대폰을 잃어버렸다. 나는 휴대전화 (같은) 하나를 사야한다.
여러 개 중에서 하나를 나타낼 때	*ex.* I have 3 pens. I will lend one to you. 내가 너에게 (그 중에서) 하나를 빌려줄게.

> 🧊 it : 동일한 것을 나타낼 때 사용한다.(우리말 : 바로'그것')

ex. I lost my smart phone last week. I found it today.
나는 지난 주 내 스마트 폰을 잃어버렸다. 나는 오늘 (바로) 그것을 찾았다.

복수일 때는 them/they를 쓴다.

2 부정대명사 1

> 🧊 all : 모두 , 모든 것

ⓐ all이 단독으로 쓰일 때 : 사람은 복수로, 사물은 단수로 받는다.
 ex. **All are agreed.** 모두가 찬성이다.　　**all is lost.** 모든 것을 잃었다.
 　　　사람　　　　　　　　　　　　사물

ⓑ 'all of 목적격 대명사'의 형태로 쓰일 때 : 복수로 받는다.
 ex. **All of us were happy.** 우리 모두가 행복했다.

ⓒ 'all of the 명사'의 형태로 쓰일 때 : 셀 수 있는 명사는 복수, 셀 수 없는 명사는 단수로 받는다.
 ex. **All of the girls were pretty.** 그 소녀들 모두 예쁘다.
 　　　All of the money was stolen. 그 돈 모두를 도둑맞았다.

> 🧊 both : 둘 다, 양쪽 다

'both, both of 목적격 대명사, both of the 명사'는 모든 형태를 복수로 받는다.
ex. **Both of the boys are diligent.** 그 소년들 둘 다 부지런하다.

> 🧊 each : 각 각

'each, each of 목적격 대명사, each of the 명사'는 모든 형태를 단수로 받는다.
ex. **Each of them has his opinion.** 그들은 각 각 자기의 의견을 갖고 있다.

3 부정대명사 2

◈ one~, the other... / one~, the others... / one~, another..., the other −

one~, the other... (둘 중에) 하나는~, 다른 하나는...	I have two coats. One is red, the other is blue. 하나는 빨간색, 다른 하나는 파란색이다.
one~, the others... 하나는~, 나머지 전부는...	There are ten apples. One is red, the others are green. 하나는 빨강이고, 나머지 전부는 녹색이다.
one~, another..., the other− (셋 중에) 하나는~, 또 하나는−, 나머지 하나는...	Jane has three gems. One is gold, another is ruby, the other is a pearl. 하나는 금, 또 하나는 루비, 나머지 하나는 진주다.

◈ some~, other...와 some~, the others..., each other / one another

some~, other... 일부는~, 또 다른 일부는...	There are a lot of flowers. Some are roses, other are tulips. 일부는 장미이고, 또 다른 일부는 튤립이다.
some~, the others... 일부는~, 나머지 전부는...	There are a lot of flowers. Some are roses, the others are tulips. 일부는 장미이고, 나머지 전부는 튤립이다.
each other(둘 이상), one another(셋 이상) 서로	The two babies looked at each other. 아기 둘이 서로 쳐다보았다.

4 재귀대명사

◈ 재귀용법

목적어로 사용 : ~자신
주어와 목적어가 동일한 경우에 사용할 수 있다.

ex. He is proud of himself. (he = himself) 그는 그 자신을 자랑스러워한다.

◈ 강조용법

ⓐ 주어 강조 : ~가 직접
'주어 다음' 또는 '문장의 맨 뒤'에 온다.

ex. She herself cooked the food. 그녀가 직접 그 음식을 요리했다.
    = She cooked the food herself.

ⓑ 목적어/보어 강조 : 바로 (그)~
강조하려는 목적어/보어 다음에 오며, 이 경우 재귀대명사를 생략해도 문장이 성립한다.

ex. She cooked the potato by itself. 그녀는 감자만 가지고 요리했다.

UNIT 1 전체부정과 부분부정

전체부정

no one, nobody, nothing, none, never, neither 등은 문장 전체를 부정한다.

no one, nobody, none, nothing, never, neither	아무도(아무것도/결코) ~ 하지 않다

ex1. **No one** believes him. 아무도 그를 믿지 않는다.

ex2. **Nobody** understands the professor's concept exactly.
아무도 그 교수의 개념을 정확히 이해하지 못한다.

ex3. **None** of these animals want to be abandoned from their owners.
이 동물들 중에 아무것도 그들의 주인으로부터 버려지기를 원하지 않는다.

ex4. **Neither** you **nor** she is allowed to use this machine.
그녀도 너도 이 기계를 사용하도록 허용되지 않는다.

Tip! no one은 사람에게만 사용하고 none은 사람, 사물 둘 다 사용가능하다.

부분부정

all, both, every, always 가 부정어와 함께 쓰이는 경우 부분 부정이 된다.

not + all, both, every, always	모두(둘 다/항상) ~ 인 것은 아니다

ex1. I don't like **all** of them.
나는 그것들 중 모두를 좋아하지 않는 것은 아니다. (그것들 중에는 좋아하는 것도 있다.)

ex2. I don't like **both** of them.
나는 그것들 둘 다를 좋아하지 않는 것은 아니다. (둘 중에 하나만 좋아하지 않는다.)

ex3. I don't like **every** fruit.
나는 모든 과일을 좋아하지 않는 것은 아니다. (좋아하는 과일도 있다.)

ex4. I'm **not always** at home.
나는 항상 집에 있는 것은 아니다. (집에 없을 때도 있다.)

다음 주어진 문장이 전체 부정인지 부분 부정인지를 <u>고르고</u>, 우리말로 바꿔 보자.

1 It is not always hard to be alone at school. (전체, (부분)) 부정

　　　학교에서 혼자된다는 것이 항상 힘든 것은 아니다 .

2 Nothing is superior to my grandmother's cookies. (전체, 부분) 부정

　　　　　　　　　　　　　　　　　　　　　　　　．

3 Nobody likes to be separated from a significant person. (전체, 부분) 부정

　　　　　　　　　　　　　　　　　　　　　　　　．

4 The policeman didn't arrest both of them. (전체, 부분) 부정

　　　　　　　　　　　　　　　　　　　　　　　　．

5 Not all African Americans sing well. (전체, 부분) 부정

　　　　　　　　　　　　　　　　　　　　　　　　．

6 There is no one like your father. (전체, 부분) 부정

　　　　　　　　　　　　　　　　　　　　　　　　．

7 I don't know everything about my new friend. (전체, 부분) 부정

　　　　　　　　　　　　　　　　　　　　　　　　．

8 Your parents may not always support your opinion. (전체, 부분) 부정

　　　　　　　　　　　　　　　　　　　　　　　　．

9 This happens neither in this city nor in another city. (전체, 부분) 부정

　　　　　　　　　　　　　　　　　　　　　　　　．

10 None of the wounded birds can fly again. (전체, 부분) 부정

　　　　　　　　　　　　　　　　　　　　　　　　．

superior 우월한　separate 분리된　significant 중요한　arrest 체포하다　African American 미국 흑인

다음 주어진 문장이 전체 부정인지 부분 부정인지를 고르고, 우리말로 바꿔 보자.

1 It is not always exciting for us to have a trip.　　(전체, (부분)) 부정

　　우리가 여행을 가는 것이 항상 즐겁지만은 않다 .

2 Not every American has a private plane and a swimming pool.　　(전체, 부분) 부정

　　　　　　　　　　.

3 Nothing is more valuable than time.　　(전체, 부분) 부정

　　　　　　　　　　.

4 If we are lucky, our teacher will blame neither you nor I.　　(전체, 부분) 부정

　　　　　　　　　　.

5 There is nobody to enter the laboratory.　　(전체, 부분) 부정

　　　　　　　　　　.

6 When it comes to a camera, I will choose neither Samsung nor Apple.　　(전체, 부분) 부정

　　　　　　　　　　.

7 It is not always easy to eat well when you are working.　　(전체, 부분) 부정

　　　　　　　　　　.

8 None of us will engage in this task.　　(전체, 부분) 부정

　　　　　　　　　　.

9 Not all Koreans can eat spicy food well.　　(전체, 부분) 부정

　　　　　　　　　　.

10 Nobody is empathic towards animals.　　(전체, 부분) 부정

　　　　　　　　　　.

---

private 개인의　　**valuable** 귀중한　　**blame** 탓하다　　**laboratory** 실험실
When it comes to ~에 관해서 말하자면/ ~에 관한한　　**engage** 참여하다　　**empathic** 공감하는/감정 이입의

다음 주어진 우리말 문장이 전체 부정인지 부분 부정인지를 고르고, 우리말에 알맞게 주어진 단어들을 나열해 문장을 완성해 보자.

1 진실을 말하는 것이 항상 쉬운 것은 아니다. (전체, ⓑ부분) 부정

It is not always easy to tell the truth.

(is, to, tell, the truth, not, always, easy, it)

2 그들은 독립이나 혁명 둘 다 포기하지 않았다. (전체, 부분) 부정

(independence, nor, revolution, they, neither, gave up)

3 그의 모든 말이 비밀을 함축하고 있는 것은 아니다. (전체, 부분) 부정

(secrets, his comments, all, of, not, imply)

4 그 공학자의 방법 중 아무것도 효과적이지 않았다. (전체, 부분) 부정

(effective, methods, the engineer's, none of, were)

5 모든 강연이 실질적으로 도움이 되는 것은 아니다. (전체, 부분) 부정

(realistically, every, is, lecture, not , helpful)

6 시민들 중에 아무도 그 신전 재건에 참여할 수는 없었다. (전체, 부분) 부정

(none, the citizens, of, reconstruction, could, the temple, participate, in)

7 너는 절망하는 것도 포기하는 것도 허락받지 않았다. (전체, 부분) 부정

(give up, you, neither, to, be desperate, are, allowed, nor)

8 그는 너희 둘 다를 해고하지는 않을 것이다. (전체, 부분) 부정

(both, of, he, won't fire, you)

9 우리 엄마가 하는 모든 음식이 항상 맛있지 않았다. (전체, 부분) 부정

(always, by my mother, all of the dishes, not, made, were, delicious)

10 나는 여기 있는 단어를 다 외운 것은 아니다. (전체, 부분) 부정

(these, of, all, words, I, here, don't memorize)

---

realistically 실제로   independence 독립   revolution 혁명   imply 암시하다   temple 사원
participate in 참여하다   desperate 절망적인   fire 해고하다   effective 효과적인   method 방법

A 실력 TEST

다음 주어진 우리말 문장이 전체 부정인지 부분 부정인지를 고르고, 우리말과 같은 뜻이 되도록 빈 칸에 알맞은 단어를 써 보자.

1 우리 담임선생님이 우리에게 항상 엄격하신 것은 아니다.   (전체, (부분)) 부정

My homeroom teacher   *isn't*   *always*   strict to us.

2 모든 여학생들이 영어를 공부하는 것을 잘 하는 것은 아니다.   (전체, 부분) 부정

_____ female students _____ good at studying English.

3 나는 유명해 지고 싶지도 부자가 되고 싶지도 않다.   (전체, 부분) 부정

I want to be _____ famous _____ rich.

4 나는 그 둘 다를 돌볼 수는 없다.   (전체, 부분) 부정

I can't look after _____ of them.

5 남에게 친절한 것은 항상 쉬운 건 아니다.   (전체, 부분) 부정

It is _____ easy to be nice to others.

6 너희들 중 아무도 아침형 인간은 될 수 없어.   (전체, 부분) 부정

_____ are going to be an early bird.

7 아무도 그의 질문에 대답하지 않았다.   (전체, 부분) 부정

_____ answered his question.

8 방문을 열었을 때 그곳엔 나를 도와줄 이가 아무도 없었다.   (전체, 부분) 부정

When I opened the door, there was _____ to help me.

9 여기에 있는 모든 책이 내게 감동을 준 것은 아니다.   (전체, 부분) 부정

_____ here touched me.

10 우리 반에서는 그 누구도 Tom 만큼 키가 큰 사람이 없다.   (전체, 부분) 부정

_____ is taller than Tom in my class.

다음 주어진 우리말 문장이 전체 부정인지 부분 부정인지를 고르고, 우리말과 같은 뜻이 되도록 빈 칸에 알맞은 단어를 써 보자.

1 부자되는 것이 항상 행복을 가져다 주지는 않는다. (전체, (부분)) 부정

To be rich *does not always bring* happiness.

2 아무도 너 스스로가 될 수 없다. (전체, 부분) 부정

_____ can be yourself.

3 그 일이 모든 지하철역에서 일어나지는 않았다. (전체, 부분) 부정

It _____ in every subway station.

4 이 신발도 이 옷도 내게 맞지 않는다. (전체, 부분) 부정

_____ these shoes _____ this dress fits me.

5 아무도 이 떡을 먹어선 안 된다. (전체, 부분) 부정

_____ should eat this rice cake.

6 집에서 아기의 음식을 요리하는 것 보다 나은 것은 아무것도 없다. (전체, 부분) 부정

_____ is superior to cooking food for your infant at home.

7 모든 학생이 그 프로젝트에 참여하지는 않는다. (전체, 부분) 부정

_____ takes part in the project.

8 나는 회원이름과 휴대폰 번호를 둘 다 다 저장할 수 없었다. (전체, 부분) 부정

I could not enter _____ a member name _____ cell phone number.

9 그들이 그에게 기대한 것은 춤을 추는 것도 노래를 하는 것도 아니었다. (전체, 부분) 부정

What they expected him to do was _____ .

10 남학생들이 모든 종류의 스포츠를 즐기는 것은 아니다. (전체, 부분) 부정

Male students _____ .

---

superior to~ ~보다 더 우수한   infant 유아   take part in 참여하다   all kinds of~ 모든 종류의

UNIT 2 가주어 it/ 가목적어 it

1 가주어 it

주어가 길어지는 경우(to 부정사, that절)에, 이 진주어는 뒤로 보내고 문장 맨 앞에 가주어 **it**을 사용한다.

◆ to부정사가 주어인 경우

ex. **To be polite to elderly people** is important. 나이 드신 분들에게 공손히 대하는 것은 중요하다.
　　　　　　　주어

It is important **to be polite to elderly people.**
가주어　　　　　　　　　　　진주어

◆ that절이 주어인 경우

ex. **That people build a house without a blueprint** is almost impossible.
　　　　　　　　　　　　주어

It is almost impossible **that people build a house without a blueprint.**
가주어　　　　　　　　　　　　　　　　　진주어

사람들이 청사진 없이 집을 짓는 것은 거의 불가능하다.

2 가목적어 it

5형식문장에서 목적어가 길어지는 경우(to 부정사, that절)에, 이 진목적어는 뒤로 보내고 가목적어 **it**을 목적격 보어 뒤로 보낸다.

◆ to부정사가 목적어인 경우

ex. He found **to raise a dog in an apartment** difficult.
　　　　　　　　목적어

= He found **it** difficult **to raise a dog in an apartment.**
　　　　　　가목적어　　　　　　진목적어

그는 아파트에서 개를 기르는 것이 힘들다는 것을 알았다.

◆ that절이 목적어인 경우

ex. She made **that she accepted the plan** clear. 그녀는 그 계획을 받아들인다는 것을 분명히 했다.
　　　　　　　　목적어

She made **it** clear **that she accepted the plan**.
　　　　가목적어　　　　　진목적어

Tip! 가목적어는 주로 문어체에서 많이 사용합니다.

가목적어와 자주 쓰이는 동사로는 make, find, think, believe, consider... 등이 있다.

다음 문장의 주어에 밑줄 치고 가주어 it을 이용한 문장으로 바꿔 써 보자.

1 <u>To keep your room clean</u> is your duty.

= *It is your duty to keep your room clean* .

2 That he didn't it on purpose was true.

= .

3 To be noisy in this library is not allowed.

= .

4 To increase the population of our country seems to be hard.

= .

5 That we are getting old day by day is natural.

= .

다음 문장의 목적어에 밑줄 치고 가목적어 it을 이용한 문장으로 바꿔 써 보자.

1 I found <u>to swim across the river</u> difficult.

= *I found it difficult to swim across the river.* .

2 Smart phones make to email easier.

= .

3 He found to maintain happiness hard.

= .

4 He thought that he had to be brave at any circumstance important.

= .

5 I considered that you treated him as a child obvious.

= .

---

duty 의무 on purpose 고의로 population 인구 maintain 유지하다 circumstance 환경
obvious 명백한

다음 진주어, 진목적어에 밑줄을 긋고 주어진 문장을 우리말로 바꿔 보자.

1 The children believed it impossible <u>that their teacher forgave them.</u>

그 아이들은 *그들의 선생님이 그들을 용서하는 것이 불가능하다고* 믿었다.

2 She thought it difficult to fix the door.

그녀는 생각했다.

3 Scientists believed it true that the medicine cured the patient.

과학자들은 믿었다.

4 It can't be possible to live without an air conditioner.

가능할 수 없다.

5 It was difficult to prepare the event alone.

어려웠다.

6 It is natural that you want to look pretty for others.

자연스럽다.

7 She found it hard to hide her negative feelings.

그녀는 알았다.

8 She believed it meaningful that a politician keeps a promise well.

그녀는 믿었다.

9 He thought it wise that she decided to change a door key.

그는 생각했다.

10 I consider it dangerous to ride a motorcycle on a highway.

나는 여긴다.

---

negative 부정적인   cure 치료하다   meaningful 의미 있는   politician 정치인

실력 TEST

정답 및 해설 p.3, 4

다음 우리말에서 진주어와 진목적어를 밑줄치고, 그 쓰임을 고른 후, 주어진 단어들을 나열해 문장을 완성해 보자.

1 나는 <u>그가 한 달 안에 10Kg을 감량하는 것은</u> 불가능할 것이라고 믿었다. (가주어, (가목적어))

I believed it impossible that he lost 10kg in a month .
(impossible, I, believed, it, in a month, he, lost, that, 10kg)

2 내가 이 장소를 찾는 것은 쉽지 않았다. (가주어, 가목적어)

.
(to, find, easy, not, it, was, for me, this spot)

3 나는 관광객에게 길을 알려주는 것이 어렵다는 것을 알았다. (가주어, 가목적어)

.
(the way. difficult, I, found, to, show, it, a tourist)

4 그녀는 그녀의 고양이를 다시 찾은 것이 행복하다고 여긴다. (가주어, 가목적어)

.
(considers, find, she, it, her cat, to, again, happy)

5 Tom이 Sally를 좋아하는 것이 확실한 것 같이 보인다. (가주어, 가목적어)

.
(likes, that, obvious, it, seems, Tom, Sally)

6 스페인어 수업을 듣는 것이 도움이 되었다. (가주어, 가목적어)

.
(was, it, helpful, Spanish course. for me, to take, a)

7 그는 숙제를 혼자 힘으로 하는 것이 힘들다는 것을 알았다. (가주어, 가목적어)

.
(his homework, he, hard, found, to do, it, by himself)

8 가난한 아이들을 돕는 것은 친절하다. (가주어, 가목적어)

.
(to help, it, is, poor children, kind)

9 그가 결근을 하는 것은 불가능하다. (가주어, 가목적어)

.
(to, work, is, it, skip, impossible, for him)

10 그녀는 영화관에서 영화를 보는 것이 필수적이라고 믿었다. (가주어, 가목적어)

.
(movies, to, at the theater, she, it, essential, believed, watch)

실력 TEST

정답 및 해설 p.4

다음 우리말에서 진주어와 진목적어를 밑줄치고, 그 쓰임을 고른 후, 주어진 단어들을 이용해 문장을 완성해 보자.

1 그 노인에게 농담하는 것은 무례하다.　　　　　　　　　　　　　(가주어, 가목적어)

It is　*rude to tell the old man a joke*　. (rude, tell)

2 그녀는 그를 설득하는 것이 어렵다는 것을 알았다.　　　　　　　(가주어, 가목적어)

She found　　　　　　　　　　　　　　　. (difficult, persuade)

3 고등학교에서 철학을 공부하는 것은 훌륭하다.　　　　　　　　　(가주어, 가목적어)

It is　　　　　　　　　　　in high school. (wonderful, study)

4 그는 아침 식사로 사과를 먹는 것이 그의 건강에 좋다고 믿는다.　(가주어, 가목적어)

He believes　　　　　　　　　for breakfast. (good, eat)

5 클래식 음악을 듣는 것은 지루하다.　　　　　　　　　　　　　　(가주어, 가목적어)

It is　　　　　　　　　　. (boring, listen)

6 새로운 것들을 배우는 것은 항상 긍정적이다.　　　　　　　　　(가주어, 가목적어)

It is always　　　　　　　　. (positive, learn)

7 그녀는 그에게 편지를 보내는 것이 도움이 될 것이라고 생각했다.　(가주어, 가목적어)

She thought　　　　　　　　a letter. (helpful, send)

8 그는 그녀의 충고를 무시하는 것이 힘들다는 것을 알았다.　　　(가주어, 가목적어)

He found　　　　　　　　. (hard, disregard)

9 나의 어머니는 열 명의 딸을 키우는 것은 그녀의 의무라고 여겼다.　(가주어, 가목적어)

My mother considered　　　　　　　　. (raise, her duty)

10 그 요리사는 그의 요리에 MSG를 첨부하는 것이 끔찍한 것이라고 믿었다.　(가주어, 가목적어)

The chef believed　　　　　　　to his dishes. (awful, add)

---

positive 긍정적인　　persuade 설득하다　　philosophy 철학　　disregard 무시하다　　raise 기르다　　awful 끔찍한

01 다음 주어진 두 문장이 같은 뜻이 되도록 빈칸에 알맞은 말을 쓰시오.

> - To listen to your friends carefully is required if you want to be a real friend.
> - _____ is required _____
>   _____
> if you want to be a real friend.

→ _____

02 다음 중 어법상 어색한 것을 고르시오.

> ⓐNo one of ⓑthese ingredients ⓒwere ⓓuseless for ⓔmy recipe
> 이 재료들 중 하나도 나의 요리법에 필요하지 않은 것이 없었다.

ingredient 재료

① ⓐ
② ⓑ
③ ⓒ
④ ⓓ
⑤ ⓔ

[03–04] 다음 빈칸에 들어갈 말을 골라 쓰시오.

> it, that, not, none, neither

03

> A : I would like to have a cup of hot tea or hot milk.
> B : I am so sorry. _____ of them are prepared.

→ _____

04

> I thought _____ dangerous to travel to India alone because I can not speak English.

→ _____

05

> _____ you nor he gave me a correct answer. I will let you think more and wait to hear correct one.

→ _____

[06–08] 다음 대화를 읽고 물음에 답하시오.

> Andy : Oh, it looks delicious. Did you bake this carrot cake? I have ___ⓐ___ baked any bread.
>
> Amy : Sure. I baked some cookies and chocolate cake as well. Taste them.
>
> Andy : Thanks. I was about to buy some snacks.
>
> Amy : Didn't you have lunch yet? It is 3 o'clock.
>
> Andy : As you know, ⓑ 나는 항상 제시간에 점심을 먹을 수는 없어. Anyway, you are good at baking. These are so great.

about to ~하려던 참이다

06 주어진 우리말에 맞도록 ⓐ에 들어갈 부정어를 쓰시오.

> 나는 결코 빵을 구워본 적이 없다.

→ I have _____ baked any bread.

07 밑줄 친 ⓑ에 들어가도록 순서를 맞게 배열하시오.

(can, have, not, lunch, time, I, always, on)

→ _____

_____

08 다음 문장을 지시대로 바꾸어 쓰시오.

> All detergents are efficient to remove a stain.

detergent 세제   stain 얼룩

(부분부정)

→ _____

_____

_____

09 다음 주어진 문장과 뜻이 같도록 가주어 it을 사용하여 문장을 다시 쓰시오.

> That you are loved by all people is not possible.

→ _____

_____

_____

10 다음 중 문장을 부분 부정할 때 사용할 수 없는 표현은?

① not all
② neither ~ nor
③ not every
④ not always
⑤ not both

11 다음 중 두 문장에 공통으로 들어갈 수 있는 단어를 고르시오. (답2개)

> - _____ of them will attend today's meeting for sure.
> - _____ of those dresses match your new shoes.

① No one
② Nothing
③ Never
④ None
⑤ Neither

12 다음은 주어진 문장을 통해 알 수 있는 사실을 영작한 것 입니다. 빈칸을 채우시오.

> Even though most of politicians oppose the death penalty, there are still some politicians who support it.

↓

> _____ politicians support the death penalty.

→ _____

13 다음 문장에서 진주어를 찾아 쓰시오.

> We found it impossible to clean all the windows in one day.

→ _____

14 다음 중 어법상 어색한 문장을 고르시오.

① It is not easy to be promoted.
② To earn money is difficult.
③ You made it complicated to arrange all the appointments.
④ She thinks it natural to be sleepy after eating.
⑤ I believe it he will be promoted impossible.

15 다음 문장의 부정의 형태 중 잘못된 것을 고르시오.

① Nobody wants to go with you.
　– 전체부정
② His explanation is not always clear to understand. – 부분부정
③ I did not clean both of the rooms.
　– 부분부정
④ None of my parents are lazy.
　– 전체부정
⑤ Not all students are diligent in class.
　– 전체부정

[16–18] 다음 글을 읽고 답하시오.

I am a big fan of the fruit. However ⓐ 내가 과일을 모두 먹을 수 있는 건 아니다. Because I have an allergy to the peach. When I was a kid, ⓑ <u>none of my family members knew this fact</u>. One day, my brother gave me peach juice. <u>It was a big problem for me to have had that.</u>
I could not remember every single detail about the happening.

allergy 알레르기   fact 사실   happening 사건

16   ⓐ의 우리말과 뜻이 통하도록 아래 문장에 들어갈 것을 바르게 짝지은 것은?

I can _____ eat _____ of them.

① never - all
② never - every
③ not - all
④ not - none
⑤ not - every

17   밑줄 친 ⓑ를 해석하시오.

→ _____

_____

18   밑줄 친 문장을 to부정사를 주어로 하여 다시 쓰시오.

→ _____

_____

19   다음 문장의 해석으로 옳은 것을 고르시오.

Not every Korean knows how to make Kimchi.

① 모든 한국인들은 김치 만드는 법을 알고 있다.
② 모든 한국인들이 김치 만드는 법을 아는 것은 아니다.
③ 모든 한국인들은 김치 만드는 법을 모른다.
④ 모든 한국인들이 김치 만드는 법을 모를 수 있다.
⑤ 모든 한국인들은 김치 만드는 법을 알 수 있다.

20   다음 빈칸에 들어갈 단어를 쓰시오.

There is _____ to support me.
나를 지지해주는 사람이 아무도 없다.

→ _____

[01–02] 다음 글을 읽고 답하시오.

One day, Yumi and I went to the cinema. There were too many people in front of the box office. <u>I thought it good to be in a line quickly</u>. There were more than three lines. We did not know which one was correct. All of a sudden, people were running to the main gate to see a celebrity. I realized that ____ⓐ____ were correct. People were just standing and waiting for a celebrity.

box office 영화 매표소

01 다음 밑줄 친 문장에서 진목적어를 찾아 쓰시오.

→ _____

02 ⓐ에 주어진 우리말과 뜻이 통하도록 들어갈 말을 <u>고르시오</u>.

> 나는 어느 줄도 옳지 않다는 것을 깨달았다.

① nothing
② no one
③ none
④ no one of lines
⑤ none of the lines

03 다음 중 <u>부분부정</u>의 문장을 고르시오.

① There was no one else like him.
② Neither you nor she cannot help me out.
③ You should not buy both of these skirts.
④ I have never yelled at my son.
⑤ Nothing is better than the original.

[04–05] 다음 주어진 문장을 가주어 it을 이용한 문장으로 바꾸어 쓰시오.

04

That she mocks his British accent is too rude.

mock 놀리다, 무시하다

→ _____
_____
_____

05

To sleep well is the most important thing for me.

→ _____
_____
_____

06 다음 주어진 문장에 밑줄 친 단어 대신 쓸 수 있는 대명사를 둘을 쓰시오.

> <u>None</u> could obtain perfect score because all the questions were too complicated.

obtain 획득하다　complicate 복잡한

→ _____

07 다음 문장을 우리말로 올바르게 해석하시오.

> Not all adults are more mature than children.

mature 성숙한

→ _____

_____

08 다음 중 가목적어와 자주 쓰이는 동사의 뜻을 연결한 것으로 옳지 <u>않은</u> 것은?

① make it (목적보어) to : ~하는 것을 ... 하게 만들다
② find it (목적보어) to : ~하는 것을 ... 라고 여기다
③ think it (목적보어) to : ~하는 것을 ... 라고 생각하다
④ believe it (목적보어) to : ~하는 것을 ... 라고 믿다
⑤ consider it (목적보어) to : ~하는 것을 ... 라고 간주하다

09 다음 주어진 우리말과 뜻이 통하도록 전체부정의 의미를 나타내기 위해 빈칸에 들어갈 말을 고르시오.

> He has seen _____ of them at school all day.
>
> 그는 하루 종일 그들중 아무도 학교에서 못보았다.

① not
② no
③ none
④ never
⑤ both

10 다음 주어진 단어를 우리말에 맞도록 배열하시오.

> 그의 팀은 그들이 모든 책임을 함께 질 것을 분명히 했다.
> (it, that, they, would, together, clear, take, the, all, responsibilities)

→ His team made _____

_____

[11~13] 다음 대화를 읽고 물음에 답하시오.

> *Lolly* : Have you finished today's homework? I could not do it by myself?
> *Maya* : I have not. ⓐ <u>To do it by myself is impossible</u>. It is too much for me. You know, ⓑ <u>내가 항상 불평하지는 않아.</u>
> *Lolly* : I totally agree with you. Will you come to my house? Let's do it together. What do you think?
> *Maya* : ⓒ <u>That's what I was about to say. Even if we could not fill out all the answers, it would be much better.</u>

complain 불평하다   be about to 막 ~하려 하다   fill out 채우다

11 ⓐ를 가주어 it을 사용해서 문장을 다시 쓰시오.

→ _____

_____

12 ⓑ의 우리말과 주어진 뜻이 통하도록 아래에 주어진 단어를 알맞게 배열하시오.

(always, complain, do, I, not)

→ _____

_____

13 ⓒ문장으로 알 수 있는 것이 <u>아닌</u> 것은?

① Maya는 Lolly의 제안을 긍정적으로 생각한다.
② Maya는 모든 문제에 답할 수 있다고 확신한다.
③ 숙제는 답을 채우는 형식이다.
④ Maya도 Lolly와 같은 생각을 하고 있었다.
⑤ Lolly가 모든 답을 알지는 못할 것이다.

14 다음 중 부분부정의 문장으로 쓰기 위해 not이 들어갈 위치로 옳은 것은?

> ⓐ Swiss has ⓑ four official languages ⓒ but ⓓ every Swiss can speak ⓔ four languages.

Switzerland 스위스   Swiss 스위스 사람

① ⓐ
② ⓑ
③ ⓒ
④ ⓓ
⑤ ⓔ

15 다음 중 전체부정으로 사용할 수 <u>없는</u> 것을 고르시오.

① nobody
② none
③ not all
④ nothing
⑤ never

16 다음 중 밑줄 친 it의 쓰임이 <u>다른</u> 하나를 고르시오.

① <u>It</u> is natural to feel sleepy after meal.

② For me, <u>it</u> is not possible to live without coffee.

③ He thought that <u>it</u> is easy to cook with an oven.

④ She considers <u>it</u> impossible that you get a scholarship this year.

⑤ <u>It</u> was your fault to spoil his project.

17 다음 문장을 우리말로 올바르게 해석하시오.

> We are qualified neither to comment nor to blame.

comment 논평하다   qualified to ~에 자격이 있다

→ _____

_____

18 다음 문장 중 어법상 <u>어색한</u> 것을 고르시오.

① Neither you nor I should call her at this moment.

② It is not always for me to clean up his mess.

③ You don't know all of them.

④ Nothing is more important than us.

⑤ None of those books are not what I need.

19 다음 두 문장의 의미가 통하도록 주어진 단어를 올바르게 배열하시오.

> Her parents made it impossible for her to go abroad to get master's degree.
> = Her parents _____
> _____.

master's degree 석사 학위

(impossible, it, made, get, master's, went, to, abroad, that, she)

→ _____

_____

_____

20 다음 문장을 우리말로 바꿔 보시오.

> I think it helpful to consult with a hair designer about your hair style.

→ _____

_____

_____

Chapter 2

형용사, 부사

형용사, 부사란?

1 형용사

한정적 용법과 서술적 용법

ⓐ 한정적 용법 : 보통 명사는 명사 앞에서 수식해 준다.

ex. He is a **tall** boy. 그는 키가 큰 소년이다.

ⓑ 서술적 용법 : 보어 역할을 한다.

2형식 문장에서 주격보어, 5형식 문장에서 목적격 보어로 사용된다.

ex. 〈2형식〉 He is **tall**. 그는 키가 크다.

〈5형식〉 She make us **happy**. 그녀는 우리를 행복하게 만든다.

수량형용사1

ⓐ all. every. each

all 모든	셀 수 있는 명사 수식 → 복수취급	*ex.* All stores are closed. 모든 상점들이 문을 닫았다.
	셀 수 없는 명사 수식 → 단수취급	*ex.* All wisdom is from the truth. 모든 지혜는 진리로부터 나온다.
every 모든	셀 수 있(없)는 명사 수식 → 단수취급	*ex.* Every store is closed. 모든 상점이 문을 닫았다.
		ex. Every kindness was shown to us. 모든 친절함이 우리에게 보여졌다.
each 각 각의	셀 수 있는 명사만 수식 → 단수취급	*ex.* Each boy has his own talent. 각 각의 소년은 그 자신의 재능을 가지고 있다.

ⓑ many. much. a lot of

many = a number of	셀 수 있는 명사(복수)를 수식
much = a great deal of	셀 수 없는 명사를 수식
a lot of = lots of = plenty of	모두수식

ex. I have **many** coins. 나는 많은 동전을 가지고 있다.

= I have **a number of** coins.

= I have **a lot of** coins.

🧊 수량형용사 2

ⓐ a few. few. a little. little

a few + 셀 수 있는 명사	조금 있는	*ex.* I have a few coins. 나는 동전이 조금(몇 개)있다.
few + 셀 수 있는 명사	거의 없는	*ex.* I have few coins. 나는 동전이 거의 없다.
a little + 셀 수 없는 명사	조금 있는	*ex.* There is a little water. 물이 조금 있다.
little + 셀 수 없는 명사	거의 없는	*ex.* There is little water. 물이 거의 없다.

ⓑ no : 하나도(전혀) 없는

no + 셀 수 있는 명사	단수/복수 모두 가능	*ex.* He has no sisters. 그는 누나(들)이 하나도 없다. = He has no sister.
no + 셀 수 없는 명사	단수취급	*ex.* There is no money in his wallet. 그의 지갑 안에는 돈이 하나도 없다.
no = not any		*ex.* There are no ants. 개미들이 하나도 없다. = There are not any ants.

2 부사

🧊 부사의 역할

동사, 형용사, 부사, 문장 전체를 수식한다.

동사 수식	*ex.* He arrived late. 그는 늦게 도착했다.
형용사 수식	*ex.* She is very busy. 그녀는 매우 바쁘다.
부사 수식	*ex.* I like soccer so much. 나는 축구를 아주 많이 좋아한다.
문장 전체 수식	*ex.* Fortunately, they are alive. 운이 좋게도, 그들은 살아있다.

🧊 타동사 + 부사

목적어가 명사인 경우와 대명사인 경우의 어순이 다르다.

turn on 켜다	turn off 끄다
put on 입다	take off 벗다
try on 입어 보다	wake up 깨우다
throw away 버리다	pick up 줍다
give up 포기하다	bring back 다시 가져오다

ⓐ 목적어가 명사인 경우 : 목적어가 동사와 부사 사이에 있어도 되고, 부사 뒤에 있어도 된다.

ex. Turn the TV off. TV를 꺼라
= Turn off the TV.

ⓑ 목적어가 대명사 (it. them. me. him...)인 경우 : 목적어가 동사와 부사 사이에 와야 한다.

ex. Turn it on. 그것을 켜라.

1 형용사

1 한정적 용법

🔷 형용사가 명사를 수식해 주는 경우를 말한다.

ex. She has a large farm. 그녀는 큰 농장을 가지고 있다.

형용사라고 하여 한정적 용법과 서술적 용법 모두에 쓰이는 것은 아니다. 각기 한정적 용법 또는 서술적 용법에만 쓰이는 형용사도 있으므로 이를 알아 두어야만 한다.

〈한정적 용법으로만 쓰이는 형용사〉

only	유일한	utter	완전한
real	진짜의	former	이전의
main	주된/주요한	absolute	완벽한/완전한
mere	단순한	complete	완벽한/완전한
upper	위쪽의	extreme	극도의/극심한

ex. The main thing is to have endurance. 주요한 것은 인내심을 갖는 것이다.

2 서술적 용법

🔷 주어나 목적어를 보충 설명해 주는 경우를 말한다.

주어를 보충 설명할 때 이를 주격보어, 목적어를 보충 설명할 때 이를 목적격보어라고 한다.

〈서술적 용법으로만 쓰이는 형용사〉

접두사 a – 로 시작하는 형용사			
afraid	두려운	ashamed	부끄러운
alike	서로 같은	asleep	잠이 든
alive	살아있는	awake	깨어있는
alone	홀로 있는/혼자	aware	알고 있는

ex. The wounded dog was alive. 그 부상당한 개는 살아 있었다.

3 부정대명사(~thing, ~one, ~body, ~where) + 형용사

> ● '~thing, ~one, ~body, ~where'는 every/some/any/no와 결합되어 뒤에서 수식해 준다.

~thing. ~one. ~body. ~where +형용사

ex. You can do every**thing valuable**. 너는 가치 있는 모든 것을 할 수 있다.
I need some**one positive**. 나는 긍정적인 누군가가(사람이) 필요하다.
Give a ride any**where good**. 좋은 곳으로 태워 줘.

Tip! thing은 '~것, 사물'이라는 명사이므로 thing만 단독으로 형용사와 함께 사용할 경우 형용사는 thing 앞에 위치한다.

4 수량 형용사 only a few / quite a few, only a little / quite a little

only a few	+ 셀 수 있는 명사	단지 조금
only a little	+ 셀 수 없는 명사	단지 조금
quite a few	+ 셀 수 있는 명사	꽤 많은/상당한
quite a little	+ 셀 수 없는 명사	꽤 많은/상당한

ex. There are **only a few** children on the playground. 운동장에 단지 조금의 아이들이 있다.
There is **only a little** water in the doggy's water bowl. 강아지의 물통에 단지 조금의 물이 있다.
There are **quite a few** cattle in the field. 들판에 꽤 많은 소떼들이 있다.
There is **quite a little** salt in this plastic bag. 비닐봉투에 꽤 많은 소금이 있다.

5 the + 형용사

ⓐ 'the + 형용사'는 복수 명사로 쓰인다. 이때 복수동사로 받는다.
ex. **The disabled want** to improve their environment.
= **Disabled people want** to improve their environment.
장애인들은 그들의 환경을 개선하고 싶어 한다.

ⓑ 'the + 형용사'는 추상명사로 쓰이며, 이때 단수동사로 받는다.
ex. 〈추상명사〉 It can be explained in **the abstract**. 그것은 추상적인 것으로 설명되어질 수 있다.
The beautiful isn't always good. 아름다운것이 항상 좋은것은 아니다.

다음 보기에서 주어진 단어의 뜻을 고르고 그 쓰임을 골라 써 보자.

asleep   mere   alive   complete   extreme   upper
ashamed   awake   main   alike   utter   alone
only   absolute   real   afraid   former   aware

a. 서술적 용법   b. 한정적 용법

1	유일한	only – b	2	홀로 있는/혼자의	–
3	살아있는	–	4	위쪽의	–
5	서로 같은	–	6	완전한	u –
7	단순한	–	8	알고 있는	–
9	극도의/극심한	–	10	잠이 든	–
11	두려운	–	12	완벽한/완전한	c –
13	이전의	–	14	부끄러운	–
15	주된/주요한	–	16	깨어있는	–
17	진짜의	–	18	완벽한/완전한	a –

다음 밑줄 친 형용사의 쓰임이 옳으면 O표, 틀리면 X표 해 보자.

1 This story is <u>real</u>. (X)
My jacket is made of <u>real</u> leather. (O)

2 She is <u>upper</u>. (   )
She is a member of <u>upper</u> class. (   )

3 You are the <u>only</u> one who I love. (   )
You seem <u>only</u>. (   )

4 I remained <u>utter</u>. (   )
His speech was <u>utter</u>. (   )

5 The soup tastes <u>absolute</u>. (   )
It was an <u>absolute</u> lie that he liked your report. (   )

6 The <u>main</u> event was that we surprised her all of a sudden. (   )
Rice is the <u>main</u> food in Asia. (   )

7 I was a <u>complete</u> stranger in the city. (   )
My task was <u>complete</u>. (   )

8 The problem got <u>mere</u>. (   )
The <u>mere</u> concern about their kids was about an academical achievement. (   )

9 The <u>former</u> Miss Universe handed in her crown to the winner. (   )
This is <u>former</u>. (   )

10 He really likes <u>extreme</u> sports. (   )
Her <u>extreme</u> opinion made us surprised. (   )

---

leather 가죽   **task** 임무   **concern** 관심   **academical** 학구적인   **achievement** 성취

다음 밑줄 친 형용사의 쓰임이 옳으면 O표, 틀리면 X표 해 보자.

1 I'm <u>alive</u>. (O)
   He makes <u>alive</u> doll. (X)

2 The prince makes the princess <u>awake</u>. (   )
   He is an <u>awake</u> person. (   )

3 Your <u>ashamed</u> behavior is weird. (   )
   Be <u>ashamed</u> of yourself! (   )

4 An <u>alone</u> girl walks on a street. (   )
   We call it the <u>alone</u> wolf. (   )

5 I'm <u>afraid</u> of failure. (   )
   An <u>afraid</u> mother might make her kid passive. (   )

6 An oval and a circle are <u>alike</u>. (   )
   The three <u>alike</u> children must be a family. (   )

7 This is a quite <u>aware</u> book in U.K. (   )
   Be <u>aware</u> of the danger from fast driving. (   )

8 An <u>asleep</u> beauty overcomes her curse. (   )
   While he was talking to me, I think I fell <u>asleep</u>. (   )

9 I don't want to stay <u>awake</u>. (   )
   Be always <u>awake</u>. (   )

10 I have an <u>ashamed</u> friend. (   )
   The <u>ashamed</u> accident happened last night. (   )

---

passive 수동적인   oval 타원   overcome 극복하다   curse 저주

A 기본 TEST

정답 및 해설 p.5,6

다음 주어진 문장을 우리말로 바꿔 보자.

1 They learned about the absolute value in Math class.

그들은 수학시간에   *절대치에*   대하여 배웠다.

2 We were in the complete agreement.

우리는   있었다.

3 Tom enjoys doing some extreme sports.

Tom은   즐긴다.

4 People will miss their former president.

사람들은   그리워 할 것이다.

5 The man was in utter shock and panic after hearing the news.

그 남자는 그 소식을 듣고   패닉 상태에 빠졌다.

다음 주어진 문장을 우리말로 바꿔 보자.

1 Lamas and camels are not alike.

라마와 낙타는   *서로 같지 않다*   .

2 The criminal should be ashamed of himself.

그 범죄자는   .

3 The loud music kept me awake all night long.

그 시끄러운 음악이 밤새도록 나를   .

4 The police officer made her aware that she ought to fasten her seat-belt.

그 경찰관은 그녀가 안전벨트를 매야 한다는 것을   .

5. While her father sang a lullaby, she fell asleep in her cradle.

그녀의 아버지가 자장가를 부르는 동안, 그녀는 그녀의 요람에서   .

---

absolute 절대적   **complete** 완전한   **agreement** 동의   **extreme** 극도의   **panic** 공황   **criminal** 범죄의

lullaby 자장가   **cradle** 요람

B 기본 TEST

1 That is not (imaginable anything, (anything imaginable)).
그것은 상상할 수 있는 무언가가 아니다.

2 I desire to have (something fancy, fancy something).
나는 멋진 무언가를 가지기를 열망한다.

3 All (living things, things living) are precious.
살아있는 모든 것은 귀중하다.

4 On my birthday, my wife didn't cook (anything edible, edible anything).
내 생일에 나의 아내는 먹을 만한 어떤 것을 만들지 않았다.

5 I would like to have (something delicious, delicious something).
나는 무엇인가 맛있는 것을 먹고 싶다.

우리말에 알맞게 문장을 완성해 보자.

1 I would like to have *something delicious* .
나는 무엇인가 맛있는 것을 먹고 싶다.

2 It is a .
그것은 위험한 것이다.

3 That is .
저것은 무언가 이상한 것이네요.

4 Is there to solve this equation?
이 방정식을 풀 똑똑한 사람있나요?

5 I want to meet to me.
나는 누군가 나에게 친절한 사람을 만나고 싶다.

---

imaginable 상상할 수 있는   precious 귀중한   edible 먹을 수 있는   equation 방정식   weird 이상한

 **기본 TEST**

정답 및 해설 **p.6**

다음 우리말에 알맞은 것을 골라 보자.

1 겨울에 상당한 비가 온다.
We have (quite a little, very little) rain in winter.

2 그녀의 호주머니에 동전이 거의 없다.
There are (little, few) coins in her pocket.

3 나는 가끔 조금 한가한 저녁 시간을 갖는다.
I have sometimes (a few, a little) free evenings.

4 그 이야기에는 무언가 배울 점들이 거의 없다.
The story has (little, few) lessons.

5 그 무거운 상자에는 꽤 많은 은이 있다.
There is (quite a little, quite a few) silver in the weighty box.

6 그는 다음 날까지 해야 할 상당한 양의 과제가 있었다.
He had (quite a few, few) assignments to do by the next day.

7 그의 콘서트에 단지 조금의 청중이 있었다.
There were (only a few, only a little) audiences in his concert.

8 우유팩에 꽤 많은 우유가 있었다.
There was (little, quite a little) milk in its carton.

9 상당한 사람들이 귀신이 존재한다는 것을 믿는다.
(Quite a few, Quite a little) people believe that ghosts exist.

10 비록 그가 아침에 일찍 일어났을 지라도, 그는 첫 버스를 위한 시간이 거의 없었다.
Although he woke up early in the morning, he had (little, only a few) time for the first bus.

---

weighty 무거운   **assignment** 과제   **audience** 청중   **ghost** 귀신   **exist** 존재하다

D 기본 TEST

정답 및 해설 **p.6**

다음 우리말에 알맞게 문장을 완성해 보자.

1 Jane은 내게 상당한 양의 꿀이 들어있는 소포를 보내 주었다.

Jane sent me a parcel that had *quite a little honey* .

2 나의 할머니는 상당한 양의 사탕이 들어있는 보자기를 내게 주셨다.

My grandmother gave me a pouch that had   .

3 그의 지루한 강연에는 단지 몇몇 학생들이 있다.

There are   in his boring lecture.

4 이 선물들을 포장할 단지 몇몇 상자가 있다.

There are   to wrap these gifts.

5 냉장고에 꽤 많은 음식이 있었다.

There was   in the refrigerator.

6 그 여자는 그 심리학자를 인터뷰할 기회가 거의 없었다.

The woman had   to interview the psychologist.

7 내 친구는 항상 나에게 상당히 많은 돈을 가졌었다고 자랑했다.

My friends always boasted that he had   .

8 그 남자배우는 단지 조금의 대사를 가지고 있었다.

The actor had   in the play.

9 그의 마술 공연이 상당한 사람들을 매료시켰다.

His magic show attracted   .

10 선생님은 학생들에게 상당한 양의 숙제를 해올 것을 요구했다.

The teacher asked his students to do   .

---

opportunity 기회   psychologist 심리학자   boast 뽐내다   lines 대사   attract 끌어들이다

A 실력 TEST

정답 및 해설 p.6

다음 우리말에 알맞은 것을 골라 보자.

1 The capable (have, has) assisted the team to direct the event.
능력자들이 그 팀이 그 행사를 감독하는 것을 도와왔다.

2 The ideal (are, is) nothing but the ideal.
이상적인 것은 이상적인 것일 뿐이다.

3 The wounded (is, are) going to be treated by our surgeons.
부상자들은 우리 외과 의사들에 의해 치료 받게 되어있다.

4 The inevitable (was, were) between them.
필연적인 것이 그 둘의 사이에 있었다.

5 The helpless (was, were) captured clearly on Jana's film.
무기력한 사람들이 Jana의 사진에 선명하게 포착 되었다.

6 The past (make, makes) nothing new.
과거는 그 어떤 새로운 것을 만들지 않는다.

7 The disabled in this city (have benefited, has benefited) from the policy.
이 시의 장애인들은 그 정책으로부터 혜택을 받아오고 있다.

8 The dying in the hospice unit (loves, love) to listen to her poetry.
호스피스 병동의 죽어가는 사람들은 그녀의 시를 듣는 것을 무척 좋아 한다.

9 The displaced in Syria (was, were) denied entry into some European nations.
시리아 난민들이 몇몇의 유럽 국가에 입국을 거절당했다.

10 The old (were, was) strongly favored by those who know the value of it.
오래된 것은 그것의 가치를 아는 사람들로부터 강하게 선호되었다.

assist 보조하다   direct 감독하다   surgeon 수술   inevitable 피할 수 없는   hospice 호스피스   poetry 시
disable 장애가 있는   displaced 추방된   entry 입국

Chapter 2 45

다음 주어진 단어를 이용하여 우리말에 알맞게 문장을 완성해 보자. ('the + 형용사' 사용)

1   *The higher*   *are*   obsessed with high-end products. (be)

상류층 사람들은 고급 제품에 푹 빠져있다

2   in Jerusalem. (happen)

기적적인 것이 예루살렘에서 일어난다.

3   yet to come. (be)

최고의 것은 아직 오지 않았다.

4   little food to eat with nutrition. (have)

가난한 사람들은 영양이 있는 먹을 음식이 거의 없다.

5   always   . (beat)

선함은 항상 악함을 이긴다.

6   offered a free meal in the shelter. (be)

노숙자들은 그 쉼터에서 무료 식사를 제공받습니다.

7   always   some thorns. (have)

아름다운 것은 늘 가시가 있기 마련이다.

8   a tendency to drive carelessly. (have)

젊은 사람들은 부주의하게 운전을 할 경향을 가지고 있다.

9   usually   a thing better. (make)

노인들은 보통 상황을 더 좋게 만든다.

10   above the wealthy. (be)

건강이 부보다 중요하다.

---

high-end product 고급제품   **miraculous** 기적인   **nutrition** 영양   **shelter** 은신처   **carelessly** 부주의하게
thorn 가시   **tendency** 경향   **wealthy** 부

다음 우리말에 알맞게 문장을 완성해 보자. ('the + 형용사' 사용)

1 *The able* *will finish* constructing his last work. (finish)
능력자들이 그의 마지막 작품을 건설하는 것을 끝낼 것이다.

2   anxious. (become)
난민들은 불안해진다.

3   in your dignity. (lie)
고결함이 당신의 품격 안에 있다.

4   her feel terrified. (make)
미지의 것이 그녀를 겁을 내도록 만들었다.

5 Make sure that   also   a high standard of living. (enjoy)
장애인들도 역시 높은 생활수준을 누릴 수 있도록 하시오.

6   in a developing country   suffered from a disaster. (have)
개발도상국의 고통 받는 사람들이 재해를 입었다.

7   from self-sacrifice. (result)
숭고함은 자기희생으로부터 기인한다.

8   often   in the world. (happen)
이 세상에 초자연적인 것이 가끔 발생한다.

9   to get angry easily. (tend)
교육받지 못한 사람들은 쉽게 화를 내는 경향이 있다.

10   different from reality. (be)
이상적인 것은 현실과 다르다.

---

construct 건설하다   **displaced** 추방된/난민의   **noble** 고결한   **dignity** 품격   **unknown** 알려지지 않은/미지의
terrify 무섭게(겁먹게)하다   **distressed** 괴로워(고통스러워)하는   **sublime** 숭고한   **supernatural** 초자연적인
uneducated 교육받지 못한   **tend to** ~하는 경향이 있다   **ideal** 이상적인

UNIT 2 부사

1 형용사와 형태가 같은 부사

	형용사	부사		형용사	부사
early	이른	일찍	low	낮은	낮게
fast	빠른	빠르게	late	늦은	늦게
hard	어려운/단단한	열심히	ill	아픈	나쁘게
high	높은	높이	much	많은	많이
last	마지막의	마지막으로	slow	느린	느리게
long	긴	길게	well	건강한	잘

ex. 〈형용사〉 The **early** bird catches the worms. 이른(일찍 일어나는) 새가 벌레를 잡는다.
〈부사〉 I got up **early** in the morning. 나는 아침 일찍 일어났다.

2 부사에 ly를 붙여서 다른 뜻이 되는 부사

high	높이	near	가까이
highly	매우/대단히	nearly	거의
hard	열심히/세게	deep	깊게 (길이)
hardly	거의 ~ 않는	deeply	상당히/깊이 (정도)
late	늦게	close	가깝게
lately	최근에	closely	주의깊게/면밀하게

ex. I studied **hard** for this midterm test. 나는 중간고사를 대비해서 열심히 공부했다.
My mom **hardly** watches the TV show. 나의 엄마는 거의 TV를 보지 않는다.

A 기초 TEST

정답 및 해설 p.7

A. 다음 보기에서 순서대로 형용사와 부사의 형태가 같은 것을 골라 써보고 우리말뜻을 써보자.

| fast | near | high | much | long | close | low |
| late | ill | last | deep | slow | hard | well | early |

		형용사		부사				형용사		부사
1	fast	–	빠른	–	빠르게	**2**	h	–		–
3	m	–		–		**4**	l	–		–
5	l	–		–		**6**	l	–		–
7	i	–		–		**8**	s	–		–
9	l	–		–		**10**	h	–		–
11	w	–		–		**12**	e	–		–

B. 다음은 ly를 붙여 다른 뜻이 되는 부사들입니다. 우리말 뜻을 써 넣어 보자.

	부사		부사			부사		부사
1	deep	깊게	- deeply	상당히/깊이	**2**	hard		- hardly
3	high		- highly		**4**	close		- closely
5	near		- nearly		**6**	late		- lately

다음 밑줄 친 단어의 품사를 고르고 우리말로 바꿔 보자.

1 He tried <u>hard</u> to get a good job. (형용사, 부사)

그는 ~~좋은 직업을 갖기 위해 열심히 노력했다~~ .

2 The taxi driver likes to drive a car <u>fast</u>. (형용사, 부사)

그 택시 운전사는 .

3 He hit the ground with a <u>hard</u> stick. (형용사, 부사)

그는 .

4 His mother was absent in his <u>early</u> days. (형용사, 부사)

그의 엄마는 .

5 My father's salary is too <u>low</u>. (형용사, 부사)

나의 아빠의 급여는 .

6 The mountains are too <u>high</u> and steep to climb. (형용사, 부사)

그 산들은 오르기에 .

7 She always speaks <u>ill</u> of others. (형용사, 부사)

그녀는 항상 다른 사람들을 대해 .

8 The pitcher threw a <u>low</u> ball. (형용사, 부사)

그 투수는 .

9 Leave a couple of days <u>early</u> to prepare your presentation. (형용사, 부사)

너의 발표를 준비하기 위해서 .

10 The fast-food restaurants offer <u>much</u> better service than the other ones. (형용사, 부사)

패스트푸드 레스토랑들은 다른 곳보다 .

---

salary 급여   steep 가파른   presentation 발표

다음 중 알맞은 것을 골라 보자.

1 (Last, Lastly) year, we didn't celebrate our anniversary.

The marathoner passed the gate (last, lastly).

2 She felt depressed (late, lately).

My family usually has a (late, lately) breakfast.

Why did the flight take off (late, lately)?

3 It is (hard, hardly) for me to endure it to the end.

My father (hard, hardly) knows about Korean pop artists.

4 The Press Secretary is (highly, high) strict.

A prime minister in Cho-Sun Dynasty was a(highly, high)-ranking government post.

If I were a bird, I could fly (highly, high) like an eagle.

The birth rate is (highly, high) decreasing these years.

People living in (highly, high) altitudes tend not to gain weight.

5 The old man (near, nearly) slipped on the ice.

I rented a cheap hotel room (near, nearly) my stop.

Jenny read this book (near, nearly) everyday.

6 I love you so (much, many).

The robber stole (much, many) money from the bank.

Mrs. Brophy is (much, very) taller than her husband.

Press Secretary 공보비서관 prime minister 수상 dynasty 왕조 rank 순위 government post 벼슬
birth rate 출생률 decrease 감소하다

다음 빈 칸에 들어갈 단어의 품사를 <u>고르고</u> 주어진 단어의 알맞은 형태를 써 넣어 보자.

1 Tom   *nearly*   fell down into the lake. (near)   (형용사, 부사)

2 Something   crushed his car. (hard)   (형용사, 부사)

3 I am   involved in this project. (high)   (형용사, 부사)

4 Don't call your friend   at night. (late)   (형용사, 부사)

5 The clock was fifteen minutes   . (slow)   (형용사, 부사)

6 Left alone, she held the ring   to the light. (close)   (형용사, 부사)

7 She took a   breath and turned her face back. (deep)   (형용사, 부사)

8 My mom was very   last year. (ill)   (형용사, 부사)

9 The quarterback was   expected to lead them to victory. (high)   (형용사, 부사)

10 The students tried   to meet their fulfillments. (hard)   (형용사, 부사)

---

crush 부수다   involve 관여하다   breath 숨쉬다   quarterback 미식축구주장   fulfillment 달성

다음 중 알맞은 것을 골라 보자.

1 I have a house (deep) deeply) in the forest.

2 He usually eats a (late, lately) dinner because of his business.

3 My mom (hard, hardly) ever calls me every weekend.

4 Their children performed (good, well) in the competition.

5 My grandmother sometimes sighs (deep, deeply).

6 What's the matter with you (late, lately)?

7 We live in an area (bad, ill) served by public transportation.

8 Jenny's baby was crying all night (long, longly).(long)

9 Some people looked at the accident (close, closely).

10 Tom is aiming (high, highly).

11 The two bookstores stand (close, closely) to each other.

12 My flight was two hours twenty minutes (late, lately).

13 After talking with his girlfriend, James slammed the door (hard, hardly).

14 Mary plans to invite only (close, closely) relatives to her wedding.

15 I spent one month on still-life (near, nearly).

다음 빈 칸에 들어갈 단어의 품사를 고르고 주어진 단어의 알맞은 형태를 써 넣어 보자.

1 The rabbit was chased by a   *slow*   turtle. (slow)   (형용사, 부사)
토끼가 느린 거북이에게 쫓기고 있었다.

2   my business is going   . (late, good)
최근에 나의 사업이 잘 되고 있다.   (형용사, 부사) (형용사, 부사)

3 His letter of apology   has sincerity. (hard)   (형용사, 부사)
그의 사과 편지에는 거의 진정성이 없다.

4 This situation will get increasingly better in the   future. (near)
이 상황은 가까운 미래에 점점 더 나아질 것이다.   (형용사, 부사)

5 You should look at the stranger   . (close)
너는 그 낯선 사람을 주의깊게 보아야만 한다.   (형용사, 부사)

6 His pause was expressing   sorrow. (deep)   (형용사, 부사)
그의 침묵이 깊은 슬픔을 보여주고 있었다.

7 The royal family were well clothed and sat   to a fire. (close)
그 귀족 가문의 사람들은 잘 차려 입고 불가에 앉았다.   (형용사, 부사)

8 A mother and daughter have a   strong bond. (high)
엄마와 딸은 매우 강한 유대감을 가지고 있다.   (형용사, 부사)

9 Yesterday his words   hurt me. (deep)   (형용사, 부사)
어제 그의 말은 나에게 깊은 상처를 주었다.

10 My grandmother is   . She is still active. (good)   (형용사, 부사)
나의 할머니는 건강하시다. 그녀는 아직도 활동적이다.

apology 사과   sincerity 진정성   increasingly 점점   pause 침묵   express 표현하다   royal 귀족의
bond 유대감   active 활동적인

01 다음 중 형용사와 부사의 형태가 같지 <u>않은</u> 것을 고르시오.

① hard
② much
③ last
④ lucky
⑤ slow

02 다음 밑줄 친 부분을 우리말로 올바르게 쓰시오.

The good is not always right.

→ _____ 이 언제나 옳은 것은 아니다.

03 다음 밑줄 친 단어가 문장에서 어떤 품사로 쓰였는지 고르시오.

ⓐ Your outfit is <u>well</u> made.
ⓑ My grandparents are <u>well</u> so far.

→ ⓐ 형용사 / 부사
→ ⓑ 형용사 / 부사

04 다음 문장의 빈칸에 들어갈 형태로 주어진 단어를 쓰시오.

There were (hard) _____ any fruits left when I arrived at home.
내가 집에 도착했을 때, 거의 어떤 과일도 남아있지 않았다.

→ _____

05 다음 빈칸에 들어갈 것으로 알맞은 것을 고르시오.

She received _____ presents on her birthday.
그녀는 그녀의 생일에 단지 조금의 선물을 받았다.

① only a few
② only a little
③ quite a few
④ quite a little
⑤ few

[06–08] 다음 주어진 우리말에 알맞게 빈칸에 들어갈 것을 골라 쓰시오.

> quite a few, quite a little, little
> only a little, only a few, few

06

This project has _____ relevance with my work.
이 프로젝트는 나의 일과 관련성이 거의 없다.

relevance 관련성

→ _____

07

While working hard for a long time, he saved _____ money.
오랫동안 열심히 일하는 동안, 그는 꽤 많은 돈을 모았다.

→ _____

08

_____ friends trust him.
단지 조금의 친구들이 나를 믿는다.

→ _____

[09–10] 다음 대화를 읽고 물음에 답하시오.

> *Emma* : I don't have anything ⓐ proper
>   to wear at the party ⓑ next week.
> *Neal* : I thought you went to a shop to
>   buy a ⓒ new dress yesterday.
> *Emma* : Yes, I did. They told me that they
>   brought in ⓓ quite a few clothes
>   (late) _____. But there
>   were ⓔ only a little dress.
> *Neal* : Well, I highly recommend you to
>   go to the shop at the corner. They
>   just opened.

09 ⓐ~ⓔ의 형용사 중, 어법상 어색한 것을 고르시오.

① ⓐ

② ⓑ

③ ⓒ

④ ⓓ

⑤ ⓔ

10 위 글의 빈 칸에 들어갈 알맞은 말을 골라 보시오.

> 그들은 최근에 꽤 많은 옷들을 가져왔다고 나에게 말했다.

① late

② later

③ lately

④ latter

⑤ latest

11 다음 문장에서 밑줄 친 부분을 대명사로 바꾸어 쓸 때, 알맞은 문장을 고르시오.

> If you don't mind, could I try <u>those red shoes</u> on?

① If you don't mind, could I try this on?
② If you don't mind, could I try on this?
③ If you don't mind, could I try those on?
④ If you don't mind, could I try on those?
⑤ If you don't mind of it, could I try on?

12 다음 빈칸에 주어진 동사를 주어에 맞게 쓰시오.

> The privileged (have)_____ to share what they acquired in this society.
> 특권층들은 이 사회에서 획득한 것을 공유해야만 한다.

privilege 특권

→ _____

13 다음 중 서술적 용법으로만 쓰이는 형용사가 <u>아닌</u> 것은?

① afraid
② absolute
③ aware
④ ashamed
⑤ alone

14 다음 중 밑줄 친 우리말에 해당하는 형용사가 들어갈 알맞은 위치를 고르시오.

> Since we got ⓐ five ⓑ days of ⓒ vacation, let's go ⓓ somewhere ⓔ.
> 우리는 5일의 휴가를 얻었으니, <u>이국적인(exotic)</u> 곳으로 떠나자.

① ⓐ
② ⓑ
③ ⓒ
④ ⓓ
⑤ ⓔ

15 다음 중 셀 수 있는 명사와 함께 쓸 수 <u>없는</u> 것을 고르시오.

① few
② a few
③ only a few
④ many
⑤ quite a little

16 다음 주어진 단어를 우리말에 맞도록 배열하시오.

> 이 지루한 분위기를 깨기 위해 우리는 재미난 무언가를 찾아내는 게 좋겠어.
>
> (something, boring, this, break, atmosphere, funny, to)

atmosphere 대기, 분위기

→ We had better find _____

_____

_____

17 다음 문장을 우리말로 옮긴 것 중 옳은 것을 고르시오.

> It is so hard to set an example in front of the children.

set an example 모범을 보이다

① 아이들 앞에서 모범을 보이는 것은 아주 열심히 해야 할 일이다.
② 아이들 앞에서 모범을 보이는 것은 아주 열심히 해야 한다.
③ 아이들 앞에서 거의 모범을 보이지 않는다.
④ 아이들 앞에서 모범을 보이는 것은 매우 어렵다.
⑤ 아이들 앞에서 모범을 아주 세게 보여야 한다.

[18–20] 다음 글을 읽고 답하시오.

> Today, I invited my friends for a housewarming party. I was supposed to have it ⓐ last Friday. I ⓑ put off it ⓒ because ⓓ only a little friends could make it ⓔ on that day.
> Now, ⓕ things ⓖ are ready. I am sitting on a couch. Waiting for them, I _____ jazz, my favorite music. It should be a great day.

housewarming 집들이   be supposed to ~하기로 되어있다.

18 ⓐ~ⓔ중 배열된 순서가 어색한 것을 알맞게 고치시오.

→ _____

19 ⓓ의 문장 중 어색한 부분을 찾아 알맞게 고친 것을 고르시오.

① only little friends could make it on that day.
② only a little friend could make it on that day.
③ only a few friends could make it on that day.
④ only a few friend could make it on that day.
⑤ only few friends could make it on that day.

20 ⓕ와 ⓖ 중, things를 수식하기 위해 all이 들어갈 수 있는 자리를 고르시오.

→ _____

O1 다음 the와 형용사를 결합한 명사 중, 단수명사로 취급되는 것은?

① The disable
② The brave
③ The poor
④ The miraculous
⑤ The homeless

O2 다음 문장에 문맥상 알맞은 것을 골라 올바르게 연결한 것은?

> ⓐ She was (near, nearly) coughing at church.
> ⓑ Something (heavy, heavily) is lying next to the door.
> ⓒ We (late, lately) bought a new house so we are moving soon.

① near – heavy – late
② near – heavily – late
③ nearly – heavy – lately
④ nearly – heavily – lately
⑤ near – heavy – late

O3 다음 밑줄 친 부분이 부사로 쓰인 문장을 모두 고르시오.
① You must get up as <u>early</u> as you can.
② She arrived <u>last</u> at the meeting.
③ It is very <u>hard</u> to master French .
④ He is <u>ill</u> in bed now.
⑤ His order will be the <u>last</u> one.

O4 다음 중 형용사와 결합할 때, 형용사의 위치가 다른 하나를 고르시오.

① something
② nobody
③ anywhere
④ thing
⑤ someone

O5 다음 문장의 빈칸에 들어갈 수 <u>없는</u> 것을 고르시오.

> You should be _____ .

① mere
② afraid
③ alive
④ ashamed
⑤ awake

06 다음 빈칸에 들어갈 수 <u>없는</u> 것을 고르시오.

> If you open the refrigerator, You will find _____ butter.

① a little
② a few
③ only a little
④ some
⑤ quite a little

07 다음 주어진 형용사와 부사가 각각 어떤 뜻이 되는지 쓰시오.

> ⓐ hard
> ⓑ hardly

→ ⓐ _____

→ ⓑ _____

08 다음 중 형용사의 쓰임이 올바르지 <u>않은</u> 것 둘을 고르시오.

① He is an alone man.
② This is a main dish.
③ The news threw people into utter confusion.
④ Ann and Mary sound a lot alike.
⑤ This work is extreme.

confusion 혼돈

[09–10] 다음 대화를 읽고 물음에 답하시오.

> *Ron* : Ron's grocery store, speaking.
> *Sue* : Hello, this is Sue from the french restaurant ⓐ <u>at the corner</u>. I am calling to order ⓑ <u>something urgent</u>.
> *Ron* : Urgent?
> *Sue* : Today, we have a reservation for 15 people. I ⓒ <u>forgot to check</u> the stock.
> *Ron* : I see, what do you need?
> *Sue* : We have ⓓ <u>few milk and oil</u>. There are _____ carrots and cabbages.
> *Ron* : You may need quite a little milk and oil. Some carrots and cabbages as well.
> *Sue* : I will be there in 30 minutes to ⓔ<u>pick them up</u>.

cabbage 양배추

09 ⓐ~ⓔ 중, 어법상 <u>어색한</u> 것을 고르시오.

① ⓐ   ② ⓑ
③ ⓒ   ④ ⓓ
⑤ ⓔ

10 빈칸에 들어갈 수량 형용사를 아래 우리말을 참고하여 쓰시오.

> 당근과 양배추는 단지 조금 있을 뿐입니다.

→ _____

11 다음 두 문장의 뜻이 같도록 빈칸에 들어갈 한 단어를 쓰시오.

> Young people should find what they want to achieve in the future.
> = The _____ should find what they want to achieve in the future.

→ _____

12 다음 문장을 우리말로 옮긴 것 중 옳은 것을 고르시오.

> Before reporting to the board of directors, you should look into it deeply.

board of directors 이사회

① 이사회에 보고하기 전에, 당신은 그것을 확실히 찾아야 합니다.
② 이사회에 보고하기 전에, 당신은 그것을 밀접하게 찾아야 합니다.
③ 이사회에 보고하기 전에, 당신은 그것을 깊게 보아야 합니다.
④ 이사회에 보고하기 전에, 당신은 그것의 깊이를 조사해야 합니다.
⑤ 이사회에 보고하기 전에, 당신은 그것을 깊이 조사해야 합니다.

[13–15] 다음 우리말에 맞게 주어진 단어들을 형용사의 용법을 고려하여 올바르게 배열하시오.

13

> 결국 그들은 내가 발표하는 동안 잠들었다.
> (finally, fell, my, presentation, They, asleep, during)

→ _____
_____

14

> 두 커피 모두 비슷한 맛이 난다.
> (alike, coffees, of, t aste, Both, the two)

→ _____
_____

15

> 나의 이전 상사가 회계사를 찾고 있는 중이다.
> (for, an, boss, is, former, My, looking, accountant)

accountant 회계사

→ _____
_____

[16–17] 다음 글을 읽고 답하시오.

While growing up, you will meet many kinds of people in your life. ⓐ The rich, the poor, the brave, all of them can be your friends. Sometimes you may be afraid of being hurt by them. ⓑ However we don't know who will be special someone for you. Don't be too afraid. Let's have an open mind and go forward.

open mind 열린 마음   go forward 전진하다

16   ⓐ를 우리말로 옮겨 쓰시오.

→ _____

_____

17   ⓑ에서 어색한 부분을 찾아, 올바르게 고쳐 쓰시오.

→ _____

_____

18   다음 문장에서 밑줄 친 부분을 우리말로 쓰시오.

Lately, I was promoted as a vice president at school.

→ _____

19   다음 문장에서 수량형용사가 잘못된 문장을 고르시오.

① He enjoys quite a few sports.
② She collected only a few stamps.
③ I need quite a little whip cream to add.
④ Quite a few furniture can be displayed.
⑤ You can afford just quite a few bags.

20   다음 문장에서 형용사의 쓰임이 옳은 것끼리 묶은 것은?

ⓐ This is a real story.
ⓑ She is the only person to know it.
ⓒ My advice is absolute.
ⓓ Their uniforms look alike.

① ⓐ, ⓑ
② ⓑ, ⓒ
③ ⓐ, ⓑ, ⓒ
④ ⓐ, ⓒ, ⓓ
⑤ ⓐ, ⓑ, ⓓ

Chapter 3

비교

비교란?

1 급의 전환과 최상급의 다른 표현

📦 급의 전환 : 비교급과 원급으로 최상급을 나타낼 수 있다.

비교급 than any other + 단수 ~	다른 어떤 ~보다 더-한
= 비교급 than all the other + 복수 ~	다른 모든 ~들보다 더-한
= No(other) ~ 비교급 than ~	(다른) ~보다 더-하지 않다
= No(other) ~as(so) 원급 as ~	(다른) ~만큼 -하지 않다

ex. This is the largest diamond ring. 이것은 가장 큰 다이아몬드 반지이다.
  = This is larger than any other diamond ring.
  = This is larger than all other diamond rings.
  = No (other) diamond ring is larger than this.
  = No (other) diamond ring is as(so) large as this.

📦 최상급의 다른 표현

ⓐ one of the 최상급 + 복수명사 : 가장~한 것 중의 하나
  ex. She is **one of the most popular singers** in Korea.
    그녀는 한국에서 가장 인기 있는 가수 중의 한 명이다.

  'one of the 최상급 + 복수명사'가 문장의 주어로 사용 시 단수 취급한다.
  ex. one of the tallest boys in my school is Jack. 나의 학교에서 가장 키가 큰 소년 중의 한 명이 Jack이다.

ⓑ the 최상급 + 명사 + (that) + 주어 + have ever P.P: 이제 까지~한 것 중에서 가장~한
  ex. This is **the most exciting** game **that I have ever seen**.
    이것은 내가 이제까지 본 것 중에서 가장 흥미진진한 경기이다.

📦 비교급 비교

ⓐ 비교급 than
  ex. A candle made at home is safer than a candle made in a factory.
    집에서 만든 양초가 공장에서 만든 초보다 더 안전하다.

ⓑ the 비교급, the 비교급
  ex. The harder you try, the more chances you will get.
    네가 더 노력하면 할수록 더 너는 많은 기회를 잡을 수 있다.

ⓒ 비교급 and 비교급
  become. get. grow. turn 등의 동사 뒤에 '비교급 and 비교급/more and more 원급'이
  오게 되면, '점점 더 ~하다'의 의미가 된다.
  ex. It is getting colder and colder. 점점 더 추워지다.

UNIT 1

형용사 / 부사의 급의 변화

🟦 규칙 변화

		원급	비교급	최상급
2 음절이상의 형용사		famous foolish priceless	more famous more foolish more priceless	most famous most foolish most priceless
'형용사 + ly' 의 부사	more, most + 형용사/부사의 원급	easily luckily slowly	more easily more luckily more slowly	most easily most luckily most slowly
분사 형태의 형용사		amazing boring excited	more amazing more boring more excited	most amazing most boring most excited

🟦 불규칙 변화

원급		비교급	최상급
good	좋은(형용사)	better	best
well	잘(부사)	better	best
bad	나쁜	worse	worst
ill	아픈	worse	worst
many	많은(수)	more	most
much	많은(양)	more	most
few	적은(수)	fewer	fewest
little	적은(양)	less	least
old	낡은/나이든	older	oldest
old	연장의/손위의	elder	eldest
late	늦은(시간)	later	latest
late	나중의(순서)	latter	last
far	먼(거리)	farther	farthest
far	훨씬/더욱(정도)	further	furthest

A 기초 TEST

다음 급의 변화를 써 보자.

원급	비교급	최상급
1 many	*more*	*most*
2 excited		
3 few		
4 luckily		
5 foolish		
6 late (늦은)		
7 easily		
8 bad / ill		
9 tired		
10 boring		
11 priceless		
12 amazing		
13 little		
14 far (훨씬 / 더욱)		
15 famous		
16 late (나중의)		
17 slowly		
18 far (먼)		
19 interested		
20 old (연장의 / 손위의)		

다음 중 알맞은 것을 골라 보자.

1 A dinosaur is the (biggest, most big) creature that I have ever known.

2 In many countries, soccer might be the (most popular, popularest) in sports.

3 Karen is (indifferent, more indifferent) than Selena, when it comes to the fashion.

4 Mt. Halla is the third (highest, most high) mountain in Korea.

5 No other student in my school is as (passionate, passionater) as Sam.

6 He is (studious, more studious) than any other student.

7 A dog is (noiyser, more noisy) than a cat.

8 Dongwon is the (interested, most interested) in butterflies of the three.

9 Science is (most difficult, more difficult) for me to understand than English.

10 Time is one of the (more precious, most precious) things.

11 Confidence is (important, more important) than any other thing.

12 The shark has the (scariest, most scary) mouth.

13 The movie is as (boring, more boring) as this one.

14 iphone 7 plus is (lighter, more light) than iphone 6.

15 He is (the most regarded, more regarded) than any other musician.

---

indifferent 무관심한   passionate 열정적인   precious 귀중한   regard 평가하다

C 기초 TEST

1 The actor looks _as famous as_ Tom Cruise. (famous)
그 배우는 Tom Cruise만큼 유명한 것처럼 보인다.

2 Health is _____ wealth. (priceless)
건강은 부보다 더 귀중하다.

3 This book can be read _____ by teens. (easily)
이 책은 십대들에 의해 더 쉽게 읽혀질 수 있다

4 I found him _____ his father. (successful)
나는 그가 그의 아버지보다 더 성공했다는 것을 알았다.

5 I passed the test _____ him. (luckily)
나는 그보다 좀 더 운이 좋게 그 시험을 통과했다.

6 A mother's love is _____ thing. (amazing)
어머니의 사랑은 가장 놀라운 것이다.

7 The finals were _____ the midterms. (difficult)
기말 시험이 중간고사보다 더 어려웠다.

8 I feel _____ when I play soccer. (excited)
나는 축구를 할 때, 가장 흥분되는 것을 느낀다.

9 People think water is _____ food. (necessary)
사람들은 음식보다 물이 더 필요하다고 생각한다.

10 Helen treated her bird _____. (carefully)
Helen은 그의 새를 최고로 조심스럽게 다루었다.

priceless 귀중한   wealth 부   teen 십대   treat 다루다

다음 중 우리말에 알맞은 것을 골라 보자.

1 Tom need to mail this parcel to his (older, elder) brother.
Tom은 그의 형에게 이 소포를 보내야 한다.

The (older, elder) people don't like fast food.
나이든 어른들은 패스트푸드를 좋아하지 않는다.

My (oldest, eldest) daugther became a doctor.
나의 장녀는 의사가 되었다.

2 Dr. Kim has (least, fewest) knowledge of law.
의사 Kim은 법률지식이 빈약하다.

Calculator has (less, fewer) features but is the easiest to learn.
계산기는 기능은 더 적지만, 배우기가 가장 쉽다.

The round-trip ticket is (less, fewer) than $100 in this winter.
올 겨울에 왕복티켓이 100달러도 안된다.

3 He gave me clothes as well as toy. The (later, latter) seems much better.
그는 나에게 장난감도 주고 옷도 주었다. 후자가 훨씬 나은 것 같다.

She will call back an hour (later, latter).
그녀는 한 시간 후에 다시 전화를 걸 예정이다.

The (latest, last) smartphone is called "7".
최신 스마트폰은 "7"이라고 불린다.

4 He will tell his father (further, farther) details later on.
그는 그의 아버지에게 나중에 더 자세한 것들을 말할 것이다.

You may go (further, farther) and fare worse.
지나치면 더 좋지 않을 수 있다. (과유불급)

Marado is the (furthest, farthest) island from Seoul.
마라도는 서울에서 가장 먼 섬이다.

B 기본 TEST

다음 중 우리말에 알맞은 것을 골라 보자.

1 This is her (latter, latest) song.
이것이 그녀의 최신 노래야.

Susan made (fewer, less) mistakes than Judy in this event.
이번 행사에서 Susan은 Judy 보다 덜 실수를 했다.

Personnel department made the (fewest, least) calls.
인사부는 전화를 가장 적게 사용했다.

2 I will go to graduate school to get (father, further) education.
나는 교육을 더 받기 위해 대학원에 갈 것이다.

The sun is also 400 times (farther, further).
태양은 또한 400배 더 멀리 있다.

As a member of this club they grew (farther, further).
이 클럽의 회원으로서 그들은 사이가 더 멀어졌다.

3 James is the (latest, last) survivor in the war.
James는 그 전쟁에서 마지막 생존자 이다.

We must sell all of these shoes in the (later, latter) part of this week.
우리는 이번 주 후반부에 이 신발들 모두를 팔아야만 한다.

He died in a car crash a year (later, latter).
그는 1년 후에 자동차 사고로 죽었다.

4 The chef has to cook this fish in the (fewest, least) amount of time.
그 요리사는 최단 시간 내에 이 생선을 요리해야만 한다.

She eats (fewer, less) than my puppy does.
그녀는 내 강아지가 먹는 것 보다 더 적게 먹는다.

There were (fewer, less) than 30 soldiers in the camp.
그 캠프에는 30명보다 적은 군인들이 있었다.

---

personnel department 인사부   **make a call** 전화를 걸다/방문하다   **graduate school** 대학원   **survivor** 생존자

다음 주어진 단어를 이용하여 우리말에 알맞게 문장을 완성해 보자.

1 They finally found *the oldest* book in the world. (old)
그들은 마침내 세계에서 가장 오래된 책을 발견했다.

2 He got   candies than you. (many)
그는 너보다 더 많은 사탕을 얻었다.

3 This is   ticket to Busan. (late)
이것이 부산으로 가는 마지막 티켓이다.

4 Our class has   students than your class. (few)
우리 반은 너의 반보다 더 학생이 적다.

5 This is   music. (serious)
이것은 더 심오한 음악이다.

6 Nana is   child in our family. (old)
Nana는 우리 가족 중에서 가장 나이가 많은 어린이이다.

7   fashion trends are being shown now in our show. (late)
가장 최근의 패션 트랜드들이 지금 우리의 쇼에서 보여 지고 있다.

8   southern point in Florida is Key West. (far)
Florida에서 남쪽으로 가장 먼 곳은 Key West이다.

9 To meet him again is   than not to see him again. (bad)
그를 다시 만나는 것은 그를 다시 만나지 않는 것보다 더 나쁘다.

10 The little girl dances   than you do. (well)
그 어린소녀는 너보다 더 잘 춤을 춘다.

birth 출생   rate 비율

UNIT 2 원급/비교급/최상급 비교

1 배수/수치 의 비교

배수의 비교: 원급이나 비교급 사용

배수사 as 원급 as	~의 ...배 만큼 ~한
배수사 ~er than	~보다 ...배 더 ~한

ex. This is **three times as** big **as** that. 이것은 저것의 3배 만큼 크다.
= This is **three times** bigger **than** that. 이것은 저것보다 3배 더 크다.

Tip! - 배수사란 '~배'를 표현하는 말로서, once 한 배 twice 두 배 three times 세 배...

ex. He visits his hometown three times a year. 그는 일 년에 세 번 고향을 방문한다.

수치의 비교: 비교급 사용

ex. This red belt is **5cm longer than** that blue one. 이 빨간 벨트는 저 파란 것보다 5cm 길이가 더 길다.

2 as ~as 주어 possible: 가능한 한 ~ 하게

as ~as 주어 possible = as ~as 주어 can	가능한 한 ~ 하게

ex. Karen tries to forget him **as** fast **as possible**. Karen은 가능한 빨리 그를 잊으려고 한다.
= Karen tries to forget him **as** fast **as** she **can**.

이 때 시제에 따라서 can, could를 사용해야 한다는 것에 주의해야 한다.
ex. Karen **tried** to forget him as fast as she **could**. Karen은 가능한 빨리 그를 잊으려고 했다.

3 less를 이용한 비교

less 원급... than~	~ 보다 덜 ...한
= not as(so) 원급 as	

ex. Jane is **not as** young **as** Bill. Jane은 Bill 만큼 나이가 어리지 않다.
= Jane is **less young than** Bill. Jane은 Bill보다 덜 어리다.

4 최상급을 나타내는 다른 표현

There is nothing ~ 비교급 + than A	A 보다 더 ~ 한 것은 없다

ex. There is **nothing higher** than **this mountain** in Korea. 한국에서 이 산 보다 더 높은 것은 없다.
= This mountain is **the highest** in Korea.

다음 주어진 문장을 우리말로 바꿔 보자.

1 My bag is twice as heavy as yours.

내 가방이 *너의 가방의 두 배 만큼 무겁다* .

2 There is nothing more difficult than physics.

.

3 Angelina learned to speak English as fast as possible.

Angelina는 배웠다.

4 I helped my dad less often than my brother.

나는 .

5 My father is three times as old as me.

아빠는 .

6 Read as many books as you can.

읽어라.

7 There is nothing I like more than singing.

.

8 The theme song of this movie is less sweet than that one.

그 영화의 주제가는 .

9 There is nothing smarter than a monkey.

.

10 Tell Minsu that he should call his mother as soon as possible.

민수에게 말해라.

physics 물리학　　theme 주제

A 기본 TEST

주어진 문장과 같은 의미의 문장으로 바꿔 보자.

1 This mountain is five times as high as Mt. Beakdusan.

= This mountain is *five times higher than* Mt, Beakdusan.

2 Her voice is nine times as powerful as her teacher's.

= Her voice is _____ her teacher's.

3 Busan is four times farther than Suwon from Seoul.

= Busan is _____ .

4 This pool is twice deeper than the other pool.

= This pool is _____ .

주어진 문장과 같은의미의 문장으로 바꿔 보자.

1 This piano is not as splendid as that one.

= This piano is _____ .

2 This car is less good than other cars.

= This car is _____ .

3 The problem is less hard than this one.

= The problem is _____ .

4 A guitar is not as heavy as a cello.

= A guitar is _____ .

There is nothing 비교급 than을 이용하여 주어진 문장과 같은 의미의 문장으로 바꿔 보자.

1 There is nothing stronger than a tsunami of natural disasters.

= _____ .

2 I like eating pineapples the most.

= _____ .

3 The Blue Whale is the biggest in the sea.

= _____ .

4 There is nothing more effective than praise to deal with children.

= _____ .

다음 주어진 단어들을 우리말에 알맞게 나열해 보자.

1 You are *less beloved than other friends* .
(less, other, friends, beloved, than)

너는 다른 친구들보다 덜 사랑받는다.

2 the recent economic crisis.
(nothing, there, is, than, more, important)

최근의 경제 위기보다 더 중요한 것은 없다.

3 Jupiter is in solar system.
(other, small, less, than, planet, any)

목성은 태양계에서 어떤 다른 행성보다 덜 작다.

4 This wine is .
(smooth, not, as, as, it)

이 포도주는 그것만큼 부드럽지 않다.

5 Ebola is .
(disease, most, incurable, the)

에볼라는 가장 치유하기 힘든 질병이다.

6 This novel was .
(as, not, as, sophisticated, his other works)

이 소설은 다른 그의 작품들만큼 정교하지 않았다.

7 This baseball team hit the home runs .
(more, than, three, times, its, opponent)

이 야구팀은 상대편보다 세 배 더 많은 홈런을 쳤다.

8 a smart phone in the world.
(there, is, more, useful, than, nothing)

세상에 스마트폰보다 더 유용한 것은 없다.

---

crisis 위기 solar system 태양계 incurable 치유할 수 없는 sophisticated 세련된/정교한 opponent 상대방

주어진 문장과 같은 의미의 문장을 만들어 보자.

1 She is not as pretty as she looks in a picture.

She is _less pretty than_ she looks in a picture.

2 Diamond is twice as hard as iron.

= Diamond is   iron.

3 There was nothing cheaper than this pineapple near here. It was almost free.

= This pineapple was   near here. It was almost free.

4 Virtue is the most precious in the world.

                              in the world.

5 Pumps heels shoes are less comfortable than sneakers.

= Pumps heels shoes are   sneakers.

6 A sloth is the slowest on the earth.

=   a sloth on the earth.

7 The commemorative coins are not as worthless as stones.

= The commemorative coins are   stones.

8 This tea is ten times as bitter as this drug.

= This tea is   the drug.

9 This pudding is the most tasteless for me.

=   this pudding for me.

10 I think that this lemon juice is three times sourer than yours.

= I think that this lemon juice is   yours.

---

sloth 나무늘보   **virtue** 선행   **precious** 귀중한   **commemorative coin** 기념주화   **worthless** 가치 없는
tasteless 맛이 없는

다음 중 알맞은 것을 골라 보자.

1 I finished my work as fast as I (can, could).

2 Try to draw a line as thin as you (can, could).

3 He made his plan as simple as he (can, could).

4 To make my son sleep, I read a book as quietly as I (can, could).

5 He wants to make her laugh as often as she (can, could).

주어진 단어를 이용하여 우리말에 알맞은 표현을 써 보자.

1 나는 그것을 가능한 한 강하게 눌러 내렸다. (strongly)

= I pressed it _as strongly as possible_ .

= I pressed it _as strongly as I could_ .

2 나는 그것을 가능한 한 비밀스럽게 적어 두었다. (secretely)

= I wrote it down .

= I wrote it down .

3 그녀는 가능한 한 적극적으로 말할 것이다. (actively)

= She will speak .

= She will speak .

4 그는 그의 몸을 가능한 한 낮게 낮추었다. (much)

= He lowered his body .

= He lowered his body .

5 나의 아들은 그의 LEGO를 가능한 한 신중하게 조립한다. (seriously)

= My son assembles his LEGO .

= My son assembles his LEGO .

---

press 누르다 **lower** 낮추다 **assemble** 조립하다

실력 TEST

우리말에 알맞게 문장을 완성해 보자.

1 _There is nothing better than_ _____ spring.
봄보다 더 좋은 것은 없다.

2 This bag is _____ your watch.
이 가방이 너의 시계보다 여섯 배 더 비싸다.

3 _____ I like _____ than Hiphop music.
힙합 음악 보다 내가 더 좋아하는 것은 없다.

4 The police officer is _____ than you.
그 경찰관은 너보다 덜 용감하다.

5 His plan is _____ as hers.
그의 계획은 그녀의 것의 두 배 만큼 복잡하다.

6 _____ for her.
그녀에게 건강보다 중요한 것은 없다.

7 This dam is _____ the lake.
그 댐은 저 호수보다 네 배 더 깊다.

8 _____ on the Earth.
지구상에서 공룡보다 더 큰 것은 없다.

9 Other smart phone applications are _____ Facebook.
다른 스마트폰 어플리케이션은 페이스북보다 덜 흥미롭다.

10 _____ in Korea.
한국에서 이 만화책보다 더 재밌는 것은 없다.

complicated 복잡한   dinosaur 공룡

우리말에 알맞게 문장을 두 가지 형태로 완성해 보자.

1 그는 설탕을 가능한 한 조금 넣는다.

He adds sugar _____ *as little as possible* .

He adds sugar _____ *as little as he can* .

2 그들은 가능한 한 많은 돈이 필요했다.

They needed _____ .

They needed _____ .

3 노래를 가능한 한 아름답게 불러보아라.

Sing the song _____ .

Sing the song _____ .

4 나는 가능한 한 많은 동전을 원한다.

I want _____ .

I want _____ .

5 그녀는 가능한 한 크게 소리 질렀다.

She screamed _____ .

She screamed _____ .

실력 TEST

정답 및 해설 p.11

우리말에 알맞게 문장을 완성해 보자.

1 *There is nothing better-known than* pizza in the world.
이 세상에서 피자보다 더 가장 잘 알려진 것은 없다.

2 _____ indirect smoking for toddlers at home.
집에 있는 유아에게 간접흡연 보다 더 해로운 것은 없다.

3 I have _____ my sister.
나는 나의 동생보다 세배 더 많은 책을 가지고 있다.

4 She _____ Susan.
그녀는 Susan보다 덜 매력적이다.

5 Sandy's hair is _____ Sally's.
Sandy의 머리카락은 Sally의 것보다 3배 더 길다.

6 _____ not doing anything.
아무것도 안하는 것보다 더 나쁜 것은 없다.

7 _____ to wait for somebody who doesn't love you.
너를 사랑하지 않는 사람을 기다리는 것보다 더 의미없는 것은 없다.

8 Mrs. Brown _____ her husband.
Mrs. Brown은 그녀의 남편 보다 덜 열정적이다.

9 The invention _____ yours.
그 발명품은 너의 것보다 덜 창의적이다.

10 _____ humanities to my uncle.
나의 삼촌에게 인문학보다 중요한 것은 없다.

---

young children(toddlers) 유아 indirect 간접적인 toddler 유아 harmful 해로운 attractive 매력적
meaningful 의미가 없는 passionate 열정적인 invention 발명(품) creative 창의적인 humanities 인문학

[01~03] 다음 대화를 읽고 물음에 답하시오.

Sam : There is ⓐ_____ more delicious than this cake. I love it.

John : Again? Didn't you have two pieces of cake this morning?

Sam : Yes, I did. But I am still hungry.

John : I am so worried about you. You should eat healthy food ⓑ <u>as much as you can</u>.

Sam : Don't worry. ⓒ<u>My eating habits are less bad than what you think.</u>

---

eating habits 식습관

01 ⓐ의 빈칸에 들어갈 단어를 우리말을 참고하여 쓰시오.

이 케이크보다 더 맛있는 것은 없다.

→ _____

02 ⓑ와 바꾸어 쓸 수 있는 것을 고르시오.

① as much as possible
② so much as possible
③ as many as you can
④ as many as possible
⑤ as many as

03 ⓒ의 문장을 우리말로 바르게 옮기시오.

→ _____

_____

04 다음 중 비교급으로 만들 때, more이 필요하지 <u>않은</u> 것을 고르시오.

① slowly
② excited
③ difficult
④ smart
⑤ successful

05 다음 중 어법상 <u>어색한</u> 것을 고르시오.

ⓐ <u>If</u> you get a discount ⓑ <u>with</u> your student card, it will ⓒ <u>be</u> one-third as ⓓ <u>much</u> ⓔ <u>than</u> the original price.

만일 네가 너의 학생증으로 할인을 받는다면, 이것은 원래 가격의 3분의 1(만큼)이 될 거야.

---

① ⓐ
② ⓑ
③ ⓒ
④ ⓓ
⑤ ⓔ

06 다음 문장을 우리말로 옮긴 것 중 옳은 것을 고르시오.

> As they are the eldest and the most experienced ones, they will lead the others.

① 그것들이 가장 낡았고, 가장 많이 사용된 것이기 때문에, 그것들이 다른 것들을 이끈다.
② 그것들이 가장 낡았고, 가장 많이 사용된 것이기 때문에, 그것들이 다른 것들을 이끌 것이다.
③ 그들이 가장 연장자이고 가장 숙련된 사람들이기 때문에 그들이 다른 사람들을 이끈다.
④ 그들이 가장 연장자이고 가장 숙련된 사람들이기 때문에 그들이 다른 사람들을 이끌 것입니다.
⑤ 그들이 가장 연장자이고, 가장 숙련된 사람들이기 때문에 그들을 다른 사람들이 이끌 것입니다.

07 주어진 두 문장이 동일한 뜻이 되도록 빈칸에 알맞은 단어를 넣으시오.

> His younger brother is not as knowledgeable as him.
> = His younger brother is _____ knowledgeable than him.

→ _____

08 다음 중 옳은 것을 고르시오.

> Her enthusiasm for this project made me (passionater, more passionate).

enthusiasm 열정 passionate 정열적인

09 다음 두 단어의 비교급과, 최상급이 동일한 것을 모두 고르시오.

① old 낡은 / old 연장의
② bad 나쁜 / ill 아픈
③ few 적은(수) / little 적은(양)
④ late 늦은(시간) / late 나중인(순서)
⑤ many 많은(수) / much 많은(양)

10 다음 두 문장에 공통으로 들어갈 수 있는 단어를 고르시오.

> - She is at least four _____ more positive than you.
> - You had better take a cup of water five _____ a day.

→ _____

11 다음 빈칸에 주어진 형용사를 주어진 우리말에 알맞게 변화시킨 것은?

> Before wrapping up this session, are there any (far) _____ questions?
>
> 이 세션을 마무리하기 전에, 질문이 더 있나요?

① farther
② further
③ farthest
④ furthest
⑤ more far

12 다음 문장에서 밑줄 친 부분을 최상급으로 고칠 때, 빈칸에 들어갈 말을 쓰시오.

> He is one of the <u>foolish</u> men around me.
>
> 그는 내 주변에 있는 멍청한 남자들 중 한 명이다.

↓

> He is one of _____ men around me.
>
> 그는 내 주변에 있는 가장 멍청한 남자들 중 한 명이다.

→ _____

13 다음 빈칸에 들어갈 수 <u>없는</u> 것을 고르시오.

> There is nothing _____ than yours.

① smarter
② more beautiful
③ more charming
④ better
⑤ most generous

14 다음 중 괄호 안에 than이 들어갈 수 <u>없는</u> 문장을 고르시오.

① I am less old ( ) Louis.
② You are twice taller ( ) me.
③ She is not as kind ( ) him.
④ Mine is 10cm shorter ( ) yours.
⑤ He ate five times more ( ) us.

15 다음 빈칸에 알맞은 말을 쓰시오.

> After learning English, I can travel _____ than before.
>
> 영어를 배우고 난 후, 나는 예전보다 더 쉽게 여행할 수 있다.

→ _____

16 다음 주어진 단어를 우리말에 맞도록 배열하시오.

> 그녀는 이 영화들이 저 책들보다 더 지루하다는 것을 알아냈다.
> (found, movies, those, boring, more, books, these, she, than)

→ _____

_____

17 다음 문장에서 밑줄 친 부분과 바꾸어 쓸 수 있는 것을 고르시오.

> I went back home as soon as <u>possible</u>.

① fast
② I do
③ I did
④ I can
⑤ I could

[18–20] 다음 글을 읽고 답하시오.

> My dream is to be a baker. To make it come true, I put ⓐ <u>more</u> effort than before. Luckily, I met a good teacher. I am learning very quickly. And ⓑ <u>I am practicing as much as possible</u>. It is more difficult than I imagined. I believe that _____ in the future.

18 우리말을 참고하여 ⓐ의 원급을 쓰시오.

> 나는 예전보다 더 많은 노력을 한다.

→ _____

19 ⓑ를 우리말로 옮겨 쓰시오.

→ _____

_____

20 빈칸에 들어갈 말을 우리말과 뜻이 통하도록 주어진 단어를 사용하여 영작하시오.

> 내 빵보다 맛있는 것은 없을 것이다.
> (nothing, delicious, bread)

→ _____

_____

01 다음 밑줄 친 부분과 바꾸어 쓸 수 있는 것을 고르시오.

> He is not <u>as</u> pure as his son.
> 그는 그의 아들보다 덜 순수하다.

① of
② so
③ much
④ that
⑤ for

02 다음 불규칙 변화와 단어의 뜻이 올바르게 연결 된 것은?

① good - better - best 잘(부사)
② many - more - most 많은(양)
③ bad - worse - worst 나쁜
④ far - farther - farthest 훨씬
⑤ few - fewer - fewest 적은(양)

03 다음 문장에서 어색한 곳을 바르게 고치시오.

> Her house is as twice big as this one.

_____ → _____

04 주어진 두 문장이 동일한 뜻이 되도록 밑줄 친 부분을 올바르게 고친 것은?

> We tried not to be late as much as possible.
> 우리는 늦지 않기 위해 가능한 한 많이 노력했다.

① as much as we can
② as much as we could
③ as soon as possible
④ as soon as we can
⑤ as many as we could

05 다음 빈칸에 들어갈 말을 고르시오.

> She believes that _____ dishes will be needed for today's dinner.
> 그녀는 더 많은 접시가 오늘 저녁식사에 필요할 거라고 믿는다.

① much
② many
③ more
④ less
⑤ as many

06 다음 중 최상급으로 만들 때 -est가 붙는 형용사를 고르시오.

① difficult
② necessary
③ famous
④ priceless
⑤ pretty

07 다음 주어진 세 단어를 각각 비교급으로 쓰시오.

ⓐ excited → _____

ⓑ easily → _____

ⓒ large → _____

08 다음 문장을 최상급으로 바꾼 것 중 옳은 것을 고르시오.

Living alone is dreadful for me.

dreadful 끔찍한

① Living alone is the dreadfulest for me.
② Living alone is the more dreadfulest for me.
③ Living alone is more dreadful for me.
④ There is nothing more dreadful than living alone.
⑤ There is nothing dreadful than living alone.

[09~10] 다음 글을 읽고 답하시오.

Cindy is one of my best friends. We have been together for 10 years. She is always good to me. ⓐ As she is the oldest in her family, she is thoughtfuler than others. I haven't seen anyone like her. Recently, she moved to Japan. ⓑ Now she lives (far)_____ than before. But we keep in touch by email and I will visit her next winter.

thoughtful 사려 깊은

09 밑줄 친 ⓐ문장에서 어법상 어색한 부분을 찾아 바르게 고쳐 쓰시오.

→ _____

10 빈칸 ⓑ에 주어진 단어를 우리말을 참고하여 올바르게 쓰시오.

지금 그녀는 이전보다 더 멀리 산다.

→ _____

[11–13] 다음 주어진 두 문장이 같은 뜻이 되도록 빈칸에 알맞은 것을 쓰시오.

11

> This building is twice as high as N Seoul tower.
> = This building is twice _____ than N Seoul tower.

→ _____

12

> There is nothing longer than this river.
> = This river is the _____.

→ _____

13

> Bill is not as positive as you.
> = Bill is _____ positive than you.

→ _____

14 다음 주어진 단어 중, 비교급이 동일한 단어를 골라 짝지은 것은?

> ⓐ little 적은(양)
> ⓑ few 적은(수)
> ⓒ good 좋은(형용사)
> ⓓ well 잘(부사)

① ⓐ, ⓑ
② ⓐ, ⓓ
③ ⓑ, ⓒ
④ ⓒ, ⓓ
⑤ ⓐ, ⓒ

15 다음 빈칸에 들어갈 말이 올바르게 짝지어 진 것을 고르시오.

> As she made _____ mistakes last month, she could work _____ overtime than before.
> 그녀가 지난달 더 적은 실수를 했으므로, 그녀는 이전보다 초과근무를 더 적게 할 수 있었다.

work overtime 초과근무하다

① few - little
② little - few
③ fewer - more little
④ fewer - less
⑤ less - fewer

[16–18] 다음 대화를 읽고 물음에 답하시오.

Tony : How was the show?
Yumi : That was ⓐ the badest ever.
Tony : What happened? You looked
forward ⓑ to watching it ⓒ for
a long time.
Yumi : Probably, that's why I was so
ⓓ disappointed. First, the main
dancer was ⓔ not as good as
last year's dancer. 이 공연장보다
더 작은 공연장은 없을 거야. Therefore
it was so crowded. I was trying
to concentrate on the show as
much as I could. But, (impolite)
_____ kid was
sitting next to me.

theater 극장/공연장 impolite 무례한

16 ⓐ~ⓔ 중 어법상 어색한 것을 고르시오.

① ⓐ
② ⓑ
③ ⓒ
④ ⓓ
⑤ ⓔ

17 밑줄 친 우리말을 영어로 써 보세요.

→ _____

_____

18 빈칸에 주어진 단어를 최상급으로 올바르게 쓰시오.

→ _____

19 다음 문장의 빈칸에 주어진 단어를 알맞게 변화시
키시오.

Our director was hesitating
between two candidates but he
finally cut one candidate who
arrived (late) _____ than
the other.
우리 팀장은 두 명의 후보자 중 망설였으나, 그는 결
국 다른 후보자보다 더 늦게 도착한 한 명의 후보자
를 탈락시켰다.

hesitate 망설이다 candidate 후보

→ (late) _____

20 다음 중 괄호 안에 as가 들어갈 수 없는 문장을 고
르시오.

① My room is ( ) clean as yours.
② Mom is less kind ( ) father.
③ I am twice ( ) tall as you.
④ She is not as intelligent ( ) me.
⑤ You must see a doctor ( ) soon as
possible.

Chapter 4

관계사

관계사란?

1 관계대명사 who, which, whose

🧊 관계대명사가 이끄는 절

명사(선행사)를 꾸며 주는 역할을 하므로 '형용사절'이 된다. 이 때 수식을 받는 명사를 선행사라고 한다.

ex. I have a friend. She is a model.

I have a friend who is a model. 나는 모델인 친구가 있다.
　　　선행사　　관계대명사 (형용사절)

🧊 형용사절 안에서의 관계대명사의 격

〈주　격〉 The girl who is coming here is slim. 여기로 오고 있는 소녀는 날씬하다.
〈목적격〉 The student who(m) I know is lazy. 내가 알고 있는 그 학생은 게으르다.
〈소유격〉 He has a sister whose friend is a lawyer. 그는 (그녀의) 친구가 변호사인 여동생이 있다.

🧊 선행사의 종류

선행사는 사람과 사물/동물 두 가지로 나누어지며, 관계대명사는 그에 따라 달라진다.

선행사	주격	목적격	소유격	역할
사람	who	who(m)	whose	형용사절
사물/동물	which	which	whose	형용사절

선행사가 사물/동물 일 때는 소유격 관계 대명사 whose는 'of which the 명사' 또는 'the 명사 of which'
로 바꿔 쓸 수 있다.

2 관계대명사의 수의 일치

🧊 관계대명사의 수의 일치

ⓐ 주격 관계 대명사의 동사는 선행사의 수에 일치 시켜야 한다.

ex. I know the girl(s) who is(are) dancing. 나는 춤추고 있는 소녀(들)를 안다.

ⓑ 관계대명사절의 선행사가 문장의 주어인 경우 문장의 동사는 선행사의 수에 일치시켜야한다.

ex. The boy(s) who sing(s) with Bill is(are) my brother(s).
　　　주어

Bill과 함께 노래하는 소년(들)은 나의 남동생(들)이다.

3 관계대명사 that, 관계대명사의 생략

🔲 관계대명사 that

ⓐ 주격관계대명사와 목적격 관계대명사 who, whom, which는 that으로 바꿔 쓸 수 있다.
ex. He is the teacher who(that) we like. 그는 우리가 좋아하는 선생님이다.

ⓑ 선행사가 '사람 + 사물'인 경우 that만 사용한다.
ex. I know a boy and his dog that are running at the park.
나는 공원에서 달리고 있는 소년과 그의 개를 알게 되었다.

🔲 관계대명사의 생략

ⓐ 목적격 관계대명사 'who(m), which, that'은 생략할 수 있다.
ex. Tom called the policeman (whom) I knew. Tom은 내가 아는 경찰관에게 전화했다.

ⓑ '주격관계대명사 + be동사 + 분사구'의 경우 '관계대명사+be동사'는 함께 생략할 수 있다.
ex. The woman (who is) cooking in the kitchen is Maria.
부엌에서 요리하고 있는 여자는 Maria이다.

4 관계대명사의 용법, '전치사 + 관계대명사', 관계대명사 what

🔲 관계대명사의 계속적 용법

ⓐ 관계대명사 앞에 ','를 써서 선행사에 대한 추가 설명을 해주는 것을 말한다.
ex. He has two caps, which are red.
그는 모자를 2개 가지고 있다. 그런데 그것들은 빨간색이다. (둘 다 빨간색이다 → 그는 모자가 단지 2개 밖에 없음)

ⓑ 'who(m)/which'는 'and(또는 but) + 대명사'로 바꾸어 쓸 수 있다.
ex. She has a son, who became a teacher. 그녀는 아들이 한 명 있다. 그런데 그는 선생님이 되었다.
= She has a son, and he became a teacher.

ⓒ 계속적 용법에서는 관계대명사 who(m), which 대신 that을 사용하지 못한다.

🔲 관계대명사의 제한적 용법

관계대명사 앞에 ','가 없는 경우를 말한다.
ex. He has two caps which are red.
그는 빨간색인 모자2개를 가지고 있다. (다른 색의 모자를 갖고 있을 수 있다 → 그는 모자가 2개 이상일 수 있음)

🔷 전치사 + 관계대명사

목적격 관계대명사가 이끄는 형용사절에서, 뒤에 남아 있는 전치사를 관계대명사 앞으로 보낼 수 있다.

ⓐ 선행사가 사람인 경우 : 전치사 + whom
전치사가 형용사절 뒤에 있을 때는 who(m), that 모두 가능하다
ex. She needs a boyfriend who(m)(that) she will talk with.
그녀는 같이 얘기할 남자친구가 필요하다.

전치사가 관계대명사 앞으로 위치할 때는 '전치사 + who(m)'만 가능하다.
ex. She needs a boyfriend with whom she will talk.

ⓑ 선행사가 사물인 경우 : 전치사 + which
전치사가 형용사절 뒤에 있을 때는 which, that 모두 가능하다.
ex. This is the house which(that) Tom lives in. 이곳이 Tom이 살고 있는 집이다.

전치사가 관계대명사 앞으로 위치할 때, '전치사 + which'만 가능하다.
ex. This is the house in which Tom lives.

🔷 관계대명사 what: ~하는 것(들)

선행사 the thing(s)과 관계대명사 that(which)가 하나로 합쳐진 것을 말한다.
the thing(s) + that(which) = what
ex. I got the thing(s) that I wanted. 나는 내가 원했던 것(들)을 얻었다.
　= I got what　　　　　　 I wanted.

5 관계부사

관계부사는 관계대명사처럼 문장을 연결하는 접속사 역할을 하며 자신이 이끄는 절에서 부사 역할을 한다. '관계부사 = 전치사 + 관계대명사'이다.

🔷 where : 선행사가 장소를 나타낼 때

관계부사 where는 장소를 나타내는 명사를 선행사로 가지며 'in, at, on+which' 대신 사용한다.
ex. This is the house. + I was born in the house.
　= This is the house which I was born in.
　　　　　　　　　　관계대명사
　= This is the house in which I was born.
　　　　　　　　　　전치사 + 관계대명사
　= This is the house where I was born. 이곳이 내가 태어난 집이다.
　　　　　　　　　　관계부사(in + which)

◈ when : 선행사가 시간을 나타낼 때

관계부사 **when**은 시간을 나타내는 명사를 선행사로 취하며, 'in. at. on + which'대신 사용한다.

ex. I remember the day. + I first met him on the day.

= I remember the day which I first met him on.

= I remember the day on which I first met him.

= I remember the day when I first met him. 나는 내가 처음 그를 만났던 날을 기억하고 있다.

◈ why : 선행사가 이유를 나타낼 때

관계부사 **why**는 이유를 나타내는 명사를 선행사로 가지며, 'for + which'대신 사용한다.

ex. He knows the reason. + She is late for the reason.

= He knows the reason which she is late for.

= He knows the reason for which she is late.

= He knows the reason why she is late. 그는 그녀가 늦은 이유를 알고 있다.

◈ how : 선행사가 방법을 나타낼 때

관계부사 **how**는 방법을 나타내는 명사를 선행사로 가지며 'in + which' 대신 사용한다. 단 the way how는 사용하지 않고 the way that을 사용하거나 또는 하나를 생략하여 the way 나 how 둘 중의 하나만 사용한다.

ex. We don't know the way. + He made it in the way.

= We don't know the way which he made it in.

= We don't know the way in which he made it.

= We don't know the way that he made it.

= We don't know the way he made it.

= We don't know how he made it.　　　　우리는 그가 그것을 만든 방법을 알지 못한다.

〈선행사에 따른 관계부사〉

	선행사	전치사 + 관계대명사	관계부사
장소	the place...	in, at, on+which	where
시간	the time...	in, at, on+which	when
이유	the reason	for which	why
방법	the way	in which	(how)

UNIT 1 복합 관계대명사

복합관계대명사는 선행사를 포함하여 명사절 또는 부사절을 이끌며 그 형태는 '관계대명사 + ever'의 형태를 가진다. 따라서 주어, 목적어 역할을 하는 명사절로 쓰이는 경우와 부사절로 쓰이는 경우 그 해석이 달라진다.

1 whoever, whomever 사람인 선행사가 포함된 복합관계대명사를 말한다.

복합 관계대명사	명사절(주어/목적어)		부사절(양보)	
whoever	= anyone who	~ 하는 사람은 누구든지	= no matter who	누가 ~ 할지라도
whomever	= anyone whom	~ 하는 사람은 누구든지	= no matter whom	누구를 ~ 할지라도

ex. 〈명사절〉 Whoever comes first has a chance to be treated.
　　　　　　주어
　　 = Anyone who comes first has a chance to be treated.
　　 처음에 오는 사람은 누구든지 대접받을 기회를 가진다.

〈부사절〉 Whomever you love, I want you to be happy.
　　 = No matter whom you love, I want you to be happy.
　　 네가 누구를 사랑할지라도, 나는 네가 행복하길 바란다.

2 whichever, whatever 사물인 선행사가 포함된 복합관계대명사를 말한다.

복합 관계대명사	명사절(주어/목적어)		부사절(양보)	
whichever	= anything which	~ 하는 것은 어느 것이든지	= no matter which	어느 것이 ~할지라도
whatever	= anything that	~ 하는 것은 무엇이든지	= no matter what	무엇이 ~할지라도

ex. 〈명사절〉 My dad respects whatever I like. 아버지는 내가 좋아하는 것은 무엇이든지 존중해 주신다.
　　　　　　　　　　　　　　목적어
　　 = My dad respects anything that I like.

ex. 〈부사절〉 Whatever happens, my dad respects my opinion.
　　 = No matter what happens, my dad respects my opinion.
　　 무슨 일이 생길지라도, 아버지는 나의 의견을 존중해 주신다.

Tip! 명사절과 부사절의 구분하는 법
문장에서 복합관계대명가사 이끄는 절을 뺀 나머지 문장이 완전한 문장을 이루면 부사절이고 불완전한 문장이면 명사절이 된다.

참고로 whichever와 whatever가, 명사(구)를 수식할 때는 '복합관계형용사' 라고 한다.
ex. Whichever seat you choose, I don't care. = No matter which seat you choose, I don't care.
네가 어떤 좌석을 선택할지라도 나는 상관없어.

복합관계사가 이끄는 절이 명사절인지 부사절인지 고르고 우리말로 바꿔 보자.

1 Whomever he chooses to marry, we will like her. (명사절, (부사절))

그가 결혼하려고 선택하는 사람이 누구일지라도 , 우리는 그녀를 좋아할 것이다.

2 Whoever wants to take part in this event should email Mr. Kim. (명사절, 부사절)

김 선생님에게 이메일을 보내야 한다.

3 Whoever has the tools will be able to make special things. (명사절, 부사절)

특별한 것들을 만들 수 있을 것이다.

4 Whomever the King sends to me, he will save us. (명사절, 부사절)

, 그는 우리는 구해줄 것이다.

5 Whoever supported the poor will be blessed by God. (명사절, 부사절)

신께 축복을 받을 것이다.

복합관계사가 이끄는 절이 명사절인지 부사절인지 고르고 우리말로 바꿔 보자.

1 Whatever her reason is, Judy treated us well. (명사절, 부사절)

, Judy는 우리를 잘 대해 주었다.

2 You may read whichever you want. (명사절, 부사절)

너는 읽어도 좋습니다.

3 I won't want to eat whatever you cook. (명사절, 부사절)

나는 먹고 싶어 하지 않을 것이다.

4 Whatever you give me, I will like it. (명사절, 부사절)

, 나는 그것을 좋아할 것이다.

5 Whichever subjects she will teach you, you will understand them well. (명사절, 부사절)

, 너는 그것들을 잘 이해하게 될 것이다.

---

take part in 참여하다   **bless** 축복하다   **reason** 이유

복합관계사가 이끄는 절이 명사절인지 부사절인지 고르고 알맞은 복합관계대명사를 골라 보자.

1   (Whichever, Whomever) was true, I'm not going to forgive him.   (명사절, 부사절)

2   He wanted to make me forget (whoever, whomever) I had hated.   (명사절, 부사절)

3   (Whichever, Whomever) restaurant you go, it has good food.   (명사절, 부사절)

4   (Whichever, Whoever) book you read, you will write a book report.   (명사절, 부사절)

5   (Whoever, Whatever) has passion can be a candidate for this job.   (명사절, 부사절)

6   (Whoever, Whomever) really loves you may love you just the way you are.   (명사절, 부사절)

7   (Whoever, Whatever) you think, you can write it down.   (명사절, 부사절)

8   (Whomever, Whichever) side wins the game, I'll accept it.   (명사절, 부사절)

9   (Whomever, Whatever) she meets these days is kind to her.   (명사절, 부사절)

10   I welcome (whoever, whomever) comes to my house.   (명사절, 부사절)

11   The smart boy would not believe (whatever, whoever) they said.   (명사절, 부사절)

12   (Whomever, Whatever) your idea is, I want to make it into a reality.   (명사절, 부사절)

13   (Whatever, Whomever) Ben gets to marry, he will never be disappointed.   (명사절, 부사절)

14   (Whichever, Whomever) you like can be invited to your party.   (명사절, 부사절)

15   (Whichever, Whatever) way we choose, it will link to the destination.   (명사절, 부사절)

---

book report 독후감   passion 열정   candidate 후보자   reality 현실   disappoint 실망시키다   destination 목적지

B 기본 TEST

정답 및 해설 p.12,13

우리말에 알맞게 문장을 완성해 보자.

1 My grandma will make *whatever* I want to eat.
나의 할머니는 내가 먹고 싶은 것은 무엇이든지 만들어 줄 것이다.

2 You must meet   is helpful for your business.
너는 너의 사업에 도움이 되는 사람은 누구든지 만나야만 한다.

3 I like   you choose for me.
나는 네가 나를 위해 고르는 것은 무엇이든지 좋아한다.

4   your dream is, it will come true.
당신의 꿈이 무엇일지라도, 그것은 실현될 것이다.

5 She doesn't have to worry about   route he takes.
그녀는 그가 택한 길이 어느 것이든지 걱정할 필요가 없다.

6   they did, she was on their side.
그들이 무엇을 했을지라도, 그녀는 그들의 편에 있었다.

7 He gave   he didn't need to his neighbor.
그는 그가 필요치 않았던 것은 무엇 이든지 그의 이웃에게 주었다.

8 Bill is free to marry   he chooses.
Bill은 그가 선택하는 사람은 누구든지 그 사람과 결혼할 자유가 있다.

9   Tom meets, he won't open his heart.
Tom은 누구를 만날지라도, 그는 그의 마음을 열지 않을 것이다.

10   you need for the trip, buy it.
그 여행을 위해 네가 필요한것이 무엇일지라도, 그것을 사라.

다음 주어진 동사를 이용하여 문장을 완성해 보자.

1 *Whatever happened* , I couldn't remember it. (happen)
무슨 일이 벌어졌을지라도, 나는 그것을 기억하지 못했다.

2 I like _____ a dog. (love)
나는 개를 사랑하는 사람은 누구든지 좋아한다.

3 We don't believe _____ us about you. (tell)
우리는 너에 대하여 그들이 우리에게 말하는 것이 무엇이든지 믿지 않는다.

4 _____ on the test paper, I can solve it. (be)
시험지에 무엇이 있을지라도, 나는 그것을 풀 수 있다.

5 Mary greeted _____ with a warm smile. (know)
Mary는 내가 아는 사람은 누구든지 따뜻한 미소로 인사했다.

6 _____ to solve the problem won't seem bad.
네가 그 문제를 풀기위해 선택하는 어떤 방법이든지 나빠 보이진 않을 것이다. (choose)

7 She can date _____ . (want)
그녀는 그녀가 원하는 사람은 누구든지 데이트 할 수 있다.

8 _____ , she looks very chic. (wear)
나의 딸은 무엇을 입을지라도, 그녀는 매우 멋져 보인다.

9 They threw away _____ useless. (be)
그들은 쓸모없는 것은 무엇이든지 버렸다.

10 He can make _____ feel comfortable. (invite)
그는 내가 초대하는 사람은 누구든지 편안한 기분을 느끼게 만들 수 있다.

---

chic 멋진   useless 쓸모없는

B 실력 TEST

다음 주어진 우리말을 복합관계 대명사를 이용하여 영어로 바꿔 보자.

1 Let's keep *whatever she told us* secret.

그녀가 우리에게 말해준 것이 무엇이던 비밀로 유지하자.

2 I can choose _____.

나는 내가 좋아하는 어느 것이든지 선택할 수 있다.

3 _____, she trusted him.

그가 뭐라고 말했을지라도, 그녀는 그를 믿었다.

4 _____ in his office, he says 'Hello.'

그는 그의 사무실에서 누구와 마주치든지, 그는 'Hello'라고 말한다.

5 _____, it doesn't matter.

누가 그 게임에 이기든지, 그것은 중요하지 않다.

6 _____ tastes salty.

고모가 요리하는 것은 어느 것이든지 짠 맛이 난다.

7 _____, I don't believe it.

네가 무엇을 말하든지, 나는 그것을 믿지 않는다.

8 _____ in business must be diligent.

사업에서 성공하기를 원하는 사람은 누구든지 부지런해야만 한다.

9 You may go with _____.

너는 네가 좋아하는 사람은 누구든지 함께 가도 좋다.

10 Tell me _____.

네가 필요 한 것은 무엇이든지 나에게 말해라.

---

face 마주치다

C 실력 TEST

다음 주어진 문장과 같은 의미의 문장으로 바꿔 보자.

1 Whatever I got from her were packed in this box.

= *Anything that I got from her* were packed in this box.

2 Whoever sings this song, he will be famous.

= _____, he will be famous.

3 Whomever I gave this ticket to could enter the show.

= _____ could enter the show.

4 Whatever you receive from him, you should give it back to him.

= _____, you should give it back to him.

5 Whoever has a dog has to register it online with the community.

= _____ has to register it online with the community.

6 No matter which book you choose, I will take the other one.

= _____, I will take the other one.

7 Anything which she decides to use will be added to decorate the table.

= _____ will be added to decorate the table.

8 No matter what he made for his mother, she will really like it.

= _____, she will really like it.

9 Anyone who wants to join this club should recite the poem.

= _____ should recite the poem.

10 No matter whom you love, you should love yourself first.

= _____, you should love yourself first.

---

pack 짐을 싸다   receive 받다   register 등록하다   decorate 장식하다   recite 암송하다

다음 주어진 문장과 같은 의미의 문장으로 바꿔 보자.

1 Whoever solves the riddle, he will be awarded.

= *No matter who solves the riddle* , he will be awarded.

2 You may have whatever is in the basket.

= You may have _____ .

3 Whomever she is, she will be welcomed.

= _____ , she will be welcomed.

4 Whatever he makes is useful.

= _____ is useful.

5 Whichever chair you like, you may sit on it.

= _____ , you may sit on it.

6 No matter who drives the car, he will feel comfortable.

= _____ , he will feel comfortable.

7 No matter what he says, nobody will listen to him.

= _____ , nobody will listen to him.

8 No matter whom the man is, I don't want to work with him.

= _____ , I don't want to work with him.

9 Anyone who helps the others will be respected.

= _____ will be respected.

10 She will be pleased at anything that he buys for her.

= She will be pleased at _____ .

riddle 수수께끼 award 상을 주다

UNIT 2 복합 관계부사

> 복합관계부사는 관계부사에 ever를 붙인 것으로 시간, 장소, 방법 등의 부사절을 이끈다.

복합관계부사는 선행사를 포함하여 부사절을 이끌며 그 형태는 '관계부사 + **ever**'의 형태를 가진다.
시간과 장소를 나타낼 경우와 양보를 나타내는 부사절로 쓰이는 경우 그 해석이 달라진다.

	부사절(시간/ 장소)		부사절(양보)	
whenever	at any time when	~할 때는 언제든지	no matter when	언제~할지라도
wherever	at(in) any place where	~하는 곳은 어디든지	no matter where	어디에서~할지라도
however	–		no matter how	아무리 ~할지라도
	어순은 however + 형용사/부사 + 주어 + 동사			

ex. 〈시간〉 **Whenever** I heard my name called. I couldn't move my feet.
= **At any time when** I heard my name called. I couldn't move my feet.
내 이름이 불릴 때는 언제든지, 난 나의 발을 움직일 수가 없었다.

ex. 〈장소〉 **Wherever** you go. God loves and blesses you.
= **At any place where** you go. God loves and blesses you.
네가 가는 곳은 어디든지, 신이 너를 사랑하고 축복하신다.

ex. 〈양보〉 **However** hard he hits the stone. he can never break it down.
= **No matter how** hard he hits the stone. he can never break it down.
아무리 세게 그가 그 돌을 칠지라도, 그는 그것을 절대로 부술 수 없다.

ex. 〈양보〉 **Wherever** I am. I will think of you.
= **No matter where** I am. I will think of you.
내가 어디에 있을지라도, 나는 너를 생각할 것이다.

Tip! however는 but처럼 '그러나'라는 뜻의 접속사로도 쓰입니다.

주어진 문장의 부사절의 종류를 고르고 우리말로 바꿔 보자.

1 Wherever you are. you can see this.　　　　　　　　(시간, 장소, ⟨양보⟩) 부사절

　　　네가 어디에 있을지라도　　　　　　　　　, 너는 이것을 볼 수 있다.

2 However pretty she is. she is not nice to me.　　　　　(시간, 장소, 양보) 부사절

　　　　　　　　　　　　　　　, 그녀는 나에게 친절하지 않아.

3 However much Ann loves him. he can never know about it.　　(시간, 장소, 양보) 부사절

　　　　　　　　　　　　　　　, 그는 결코 그것을 알 수 없다.

4 We can go wherever we want to go.　　　　　　　(시간, 장소, 양보) 부사절

우리는　　　　　　　　　　　　　　갈 수 있다.

5 Whenever you come to our country. I will offer this room to you . (시간, 장소, 양보) 부사절

　　　　　　　　　　　나는 이 방을 너희들에게 제공할 것이다.

6 You may go wherever you can feel comfortable.　　　　(시간, 장소, 양보) 부사절

너는　　　　　　　　　　　　　　가도 좋다.

7 However impressive he felt. he doesn't want to buy this picture.　(시간, 장소, 양보) 부사절

　　　　　　　　　　　그는 이 그림을 사기를 원하지 않는다.

8 Wherever they decide to go. it costs a lot to purchase their airline tickets.

　　　　　　　　　　　　　　　　　　(시간, 장소, 양보) 부사절

　　　　　　　　　　, 그들의 비행기 표를 사는데 돈이 많이 든다.

9 However smart she is, she may not be perfect.　　　　(시간, 장소, 양보) 부사절

　　　　　　　　　　　　　　　, 완전하지 않을 수 있다.

10 Whenever I was absent. he came to see my family.　　　(시간, 장소, 양보) 부사절

　　　　　　　　　　　　　　　, 그가 우리 가족을 보러 왔다.

impressive 인상적인　purchase 구매하다　absent 부재한

A 기본 TEST

다음 중 알맞은 것을 골라 보자.

1 (Whenever, Wherever, (However)) hot it is, I am going to wear long sleeves.

2 Mina will be good (whenever, wherever, however) she is.

3 (Whenever, Wherever, However) the new school year starts, every mom feels free from their child.

4 (Whenever, Wherever, However) cold the drink is, I need it.

5 (Whenever, Wherever, However) you come back, I will never meet you.

6 (Whenever, Wherever, However) the bank is, she cannot go there without a car.

7 (Whenever, Wherever, However) sad you are, you need to have a meal.

8 (Whenever, Wherever, However) she visits them, they make her a nice dinner.

9 (Whenever, Wherever, However) far the restroom is, I should go there.

10 (Whenever, Wherever, However) delighted I was, I couldn't express my emotions.

11 (Whenever, Wherever, However) you asked for help, I was always there.

12 (Whenever, Wherever, However) well she sings the song, I hate her voice.

13 (Whenever, Wherever, However) my best friend and I met, we talked about you.

14 (Whenever, Wherever, However) tired I am, I should finish this by today.

15 (Whenever, Wherever, However) she drives a car, there may be a car crash.

---

restroom 화장실　　**delighted** 기쁜　　**express** (감정을)나타내다/드러내다　　**emotion** 감정　　**crash** 사고

우리말에 알맞은 복합관계 부사를 이용하여 같은 의미의 문장으로 바꿔 써 보자.

1 이 반지가 아무리 아름답다고 할지라도, 그것은 가짜이다.

However beautiful this ring is, it is fake.

2 네가 아무리 피곤할지라도 너는 그 일을 해야만 한다.

you may be, you must do the work.

3 이 노래를 들을 때는 언제든지, 너를 생각한다.

I listen to this song, I think of you.

4 그들이 어디에서 모일지라도, 그것은 특별한 행사이다.

they gather, it is a special event.

5 고양이가 아무리 사랑스러울지라도, 나는 그것을 기르지 않을 것이다.

a cat is, I won't raise it.

6 이 문을 열 때는 언제든지, 나의 개들이 달려 나간다.

this door opens, my dogs rush out.

7 그가 아무리 잘 생겼을지라도, 따뜻한 마음이 더 중요하다.

he is, it is more important to be warm-hearted.

8 네가 어느 곳에 가든지, 너를 보호하기 위해 이 기구를 가져가라.

you go, take this device to protect you.

9 그것이 아무리 좋은 것일지라도, 너의 것이 아니면 탐하지 마라.

it is, unless it is yours, don't be greedy.

10 그 기계가 아무리 정교하다 할지라도, 사람의 손이 더 낫다.

the machine is, it is not better than human hands.

---

gather 모이다   rush out 달려 나가다   warm-hearted 마음이 따뜻한   greedy 탐욕스러운   device 장치
protect 보호하다   elaborate 정교한

A 실력 TEST

다음 주어진 우리말을 복합관계 부사를 이용하여 영어로 바꿔 보자.

1 나는 이 곳을 방문할 때마다 나는 티라미수를 시켜먹는다.

Whenever I visit here , I order Tiramisu.

2 너의 질문이 아무리 어려울지라도, 나는 그것을 대답할 수 있다.

, I can answer it.

3 나의 아들들이 저녁을 먹으러 나의 집에 올 때마다, 나는 불고기를 만든다.

to my house to have dinner, I make Bulgogi.

4 내가 이사 가는 곳이 어디든지, 나는 많은 친구들을 만들 것이다.

, I will make a lot of friends.

5 내가 아무리 우울해 보였을지라도, 나는 그 당시 괜찮았다.

, I was fine at that time.

6 그 씨앗들은 들판 위 어디에 떨어지더라도, 그것들은 잘 자랄 것이다.

on the field, they will grow well.

7 점점 더 시원해질 때는 언제든지, 나는 외로움을 느낀다.

, I feel lonely.

8 개구리가 있는 곳은 어디든지, 뱀들이 살고 있다.

, there live snakes.

9 내가 피자를 아무리 많이 좋아한다 해도, 나는 한 판 이상 먹을 수 없다.

, I cannot eat more than a pizza of pizza.

10 그녀가 원할 때는 언제든지 그녀는 나에게 전화를 할 수 있다.

She can call me .

---

depressed 우울한   seed 씨앗   fall down 떨어지다   frog 개구리   snake 뱀

주어진 문장과 같은 의미의 문장으로 바꿔 써 보자.

1 Whenever you push this button, the water comes out.

= _At any time when_ you push this button, the water comes out.

2 However much you love him, he can still betray you.

= _____ you love him, he can still betray you.

3 Whenever the package is delivered, it is late.

= _____ the package is delivered, it is late.

4 However old he is, he still has a sense of fashion.

= _____ he is, he still has a sense of fashion.

5 Whenever cats came in front of my house, mom fed them.

= _____ cats came in front of my house, mom fed them.

6 No matter where it is wrong, you need to find it and fix it.

= _____, you need to find it and fix it.

7 No matter how cold it is, he goes hiking.

= _____, he goes hiking.

8 At any time when my dogs have a chance to go for a walk, they are excited.

= _____ a chance to go for a walk, they are excited.

9 No matter how hard you tried to reach your goal, the way you did it was wrong.

= _____ to reach your goal, the way you did it was wrong.

10 No matter where I hide a bone, my dog can find it.

= _____ a bone, my dog can find it.

---

sense 감각   **reach** 도달하다   **betray** 배반하다

C 실력 TEST

정답 및 해설 **p.15**

다음 주어진 문장과 같은 의미의 문장으로 바꿔 보자.

1 Whenever I read a newspaper, I drink a cup of coffee.

= _At any time when I read a newspaper_ , I drink a cup of coffee.

2 Whenever he gets up, he doesn't skip exercising.

= , he doesn't skip exercising.

3 Wherever you may hide, they will find you out.

= , they will find you out .

4 Wherever there is a traffic jam, they sell the steamed corn.

= , they sell the steamed corn.

5 No matter when he may come, she will not meet him.

= , she will not meet him.

6 I don't care, no matter where they leave.

= I don't care, .

7 Jane calls him whenever she wants to talk with him.

= Jane calls him .

8 However sweet this candy is, I won't eat it.

= , I won't eat it.

9 No matter how hard this book is, she can understand it.

= , she can understand it.

10 However nice the weather is today, I won't go out.

= , I won't go out.

---

traffic jam 교통체증   **steamed corn** 삶은 옥수수

01 다음 중 복합관계대명사가 <u>아닌</u> 것을 고르시오.

① whomever
② wherever
③ whoever
④ whatever
⑤ whichever

02 다음 중 밑줄 친 우리말을 올바른 어순으로 배열한 것은?

<u>아무리 네가 바쁠지라도</u>, you can't skip today's meeting.

① You are busy however
② However busy are you
③ However you are busy
④ However you busy are
⑤ However busy you are

03 다음 중 뜻이 잘못 연결된 것은?

① no matter who 누가~ 할지라도
② anyone whom ~하는 사람은 누구든지
③ at any time when 언제~할지라도
④ no matter how 아무리 ~할지라도
⑤ no matter where 어디에서~할지라도

04 다음 중 명사절을 고르시오.

① <u>Whatever you bought here,</u> you will get a free coffee coupon.
② <u>Whomever he meets,</u> he can be a friend.
③ You should greet <u>whoever you meet in this building.</u>
④ We need to get a parking permit <u>wherever we park our car.</u>
⑤ <u>Whoever she does not like,</u> she tries to look at the bright side.

05 다음 두 문장이 같은 뜻이 되기 위해 빈칸에 들어갈 말을 쓰시오.

Anything that you suggest to Mr. Kim will be accepted.
= _____ you suggest to Mr. Kim will be accepted.
네가 Mr. Kim에게 제안하는 것은 무엇이든지 받아들여질 것이다.

→ _____

06 다음 중 어법상 어색한 것을 고르시오.

ⓐ<u>Whoever</u> ⓑ<u>answer</u> my question ⓒ<u>correctly</u> is going ⓓ<u>to receive</u> a small present ⓔ<u>from me</u>.
내 질문에 올바르게 대답하는 누구든지 나로부터 작은 선물을 받을 것입니다.

① ⓐ
② ⓑ
③ ⓒ
④ ⓓ
⑤ ⓔ

07 다음 밑줄 친 부분을 우리말로 올바르게 쓰시오.

He never got angry, <u>whenever I made a mistake</u>.

→ _____
_____

08 위 문제에서 whenever와 바꾸어 쓸 수 있는 것에 O표 하시오.

at any time when (　　)
no matter when (　　)

[09-10] 다음 주어진 두 문장이 같은 뜻이 되도록 빈칸에 알맞은 것을 고르시오.

at any time when
no matter when
at (in) any place where
no matter where

09

Whenever we travel together, we are always arguing.
= _____ we travel together, we are always arguing.

argue 논쟁하다

→ _____

10

They reserve at least a four-star hotel, wherever they decide to stay for one night.
= They reserve at least a four-star hotel, _____ they decide to stay for one night.

four-star hotel 4성급 호텔

→ _____

11 주어진 문장에서 밑줄 친 부분이 문장에서 하는 역할을 고르시오.

> ⓐ <u>Whomever I recommend</u> is fully qualified for a vacancy.
> ⓑ <u>Whoever let you be in trouble</u>, it has to be you who straightens it out.

fully 충분히 vacancy 공석 straighten out 바로잡다

ⓐ (명사절 / 형용사절 / 부사절)

ⓑ (명사절 / 형용사절 / 부사절)

12 다음 주어진 우리말과 뜻이 통하도록 빈칸에 알맞은 표현을 쓰시오.

> _____ , she is never satisfied with people.
> 그녀가 일하는 곳은 어디든지, 그녀는 절대 사람들에게 만족하지 못한다.

→ _____

_____

13 다음 중 명사절을 이끌 수 <u>없는</u> 복합관계사를 고르시오.

① whenever
② whatever
③ whichever
④ whoever
⑤ whomever

[14-15] 다음 대화를 읽고 물음에 답하시오.

> *Shelly* : Long time no see. Are you back?
> *Jamie* : I just ⓐ <u>came back</u> for ⓑ <u>my sister's wedding</u>. I am leaving next month.
> *Shelly* : I remember the day ⓒ <u>whenever</u> you told me that you immigrated ⓓ <u>to Canada</u>. Did you settle down well?
> *Jamie* : Yes, so far so good. <u>Whenever you visit Canada, you should contact me</u>. I am happy to meet you.
> *Shelly* : ⓔ <u>However</u> busy I am, I will definitely do that.

immigrate to ~로 이민가다 settle down 정착하다 contact 연락하다

14 ⓐ~ⓔ 중 어법상 <u>어색한</u> 것을 고르시오.

① ⓐ
② ⓑ
③ ⓒ
④ ⓓ
⑤ ⓔ

15 밑줄 친 문장을 우리말로 올바르게 옮겨 쓰시오.

→ _____

_____

[16–18] 다음 글을 읽고 답하시오.

I would like to thank Wendy, one of my colleagues. I met her on my first day ⓐ_____ I was all thumbs. Being so shy, I didn't dare to ask a question. <u>She came to me and told me that I was welcomed to ask anything that I need to know.</u> From that moment, she is always kind to me. ⓑ_____ I was depressed, She cheered me up and said "Believe that you can do ⓒ_____ you want". That helps me a lot.

colleague 동료 be all thumbs 몹시 서툴고 어색한 것 dare 감히 ~하다

16 ⓐ~ⓒ에 들어갈 단어가 올바르게 짝지어진 것은?

① where - whenever - whichever
② where - wherever - whatever
③ when- when - whatever
④ whenever - when - whichever
⑤ when - whenever - whatever

17 밑줄 친 문장과 같은 의미가 되도록 빈칸에 알맞은 것을 쓰시오.

She came to me and told me that I was welcomed to ask _____ I need to know.

→ _____

18 다음 주어진 단어를 우리말에 맞도록 배열하시오.

아무리 그가 아플지라도, 나는 그와 함께할 것을 약속합니다.
(matter, sick, is, promise, him, with, to, no, how, he, I, be)

→ _____
_____

19 다음 중 틀린 부분을 바르게 고쳐보시오.

He must continue to study no matter what desperate his situation is.

desperate 절망적인

_____ → _____

20 빈칸에 알맞은 것을 고르시오.

(Whichever, However) _____ scholarship you receive, your family will be proud of you.

01 다음 중, 복합관계대명사의 의미를 살려 올바르게 해석한 것을 고르시오.

> Whoever received a question about this formula seemed not to know very well.

① 이 공식에 대해 질문을 누가 받을지라도 잘 알지 못할 것이다.

② 이 공식에 대해 질문을 누가 받을지라도 잘 알지 못하는 것처럼 보였다.

③ 이 공식에 대해 질문을 받은 사람은 누구든지 잘 알지 못할 것이다.

④ 이 공식에 대해 질문을 받은 사람은 누구든지 잘 알지 못하는 것처럼 보였다.

⑤ 이 공식에 대해 질문을 받은 사람은 잘 알지 못하는 것처럼 보였다.

02 다음 주어진 두 문장이 같은 뜻이 되도록 빈칸에 들어갈 말을 고르시오.

> No matter who is nominated as the best writer of this year, he is the best for me.
> = _____ is nominated as the best writer of this year, he is the best for me.

nominate 지명하다

→ _____

03 다음 중 어법상 어색한 것을 찾아 고치시오.

> However she is picky, I can take care of her during your absence.
> 아무리 그녀가 까다로울지라도, 당신이 부재중인 동안 내가 그녀를 돌볼 수 있습니다.

picky 까다로운

_____

→ _____

[04–05] 다음 밑줄 친 부분의 문장에서의 역할을 고르시오.

04

> <u>Wherever she sits</u>, he will be next to her as usual.

→ 명사절 / 형용사절 / 부사절

05

> <u>However fast he solves a math problem</u>, there is someone who does faster than him.

→ 명사절 / 형용사절 / 부사절

06 다음 대화에서 빈칸에 들어갈 수 있는 답을 두 개 고르시오.

> A : If I hold a free pass, what is the benefit for me?
> B : _____ transportation you get on will be free of charge.

① Whichever
② However
③ Anything which
④ No matter which
⑤ No matter how

07 다음 우리말을 영작한 문장에서 빠진 부분을 채우시오.

> 그녀의 노래를 듣는 사람은 누구든지 깊이 감동할겁니다.

→ _____ _____ _____

her song will be deeply moved.

[08~10] 다음 대화를 읽고 물음에 답하시오.

> *Client* : I would like to exchange it.
> *Clerk* : Could I ask you for a receipt?
> *Client* : Oh, it was a present. I have an exchange ticket.
> *Clerk* : Let me see. That would be perfect. ⓐ Anyone who shows this ticket is able to exchange it for items equaling the same price.
> Client : Well, is it possible that I exchange it for ⓑ 나의 것보다 비싼 것은 무엇이든지 by paying the difference?
> *Client* : No problem. Also you can take a gift voucher instead of an exchange therefore you can use it ⓒ whenever you want.

08 ⓐ를 복합관계대명사로 바꾸시오.

→ _____

09 주어진 단어를 올바르게 배열하여 ⓑ를 영작하시오.

(whatever, mine, than, more, is, expensive)

→ _____

_____

10 ⓒ를 우리말로 올바르게 옮긴 것은?

① 당신이 원하는 곳은 어디든지
② 당신이 원할 때는 언제든지
③ 당신이 어디에서 원할지라도
④ 당신이 언제 원할지라도
⑤ 당신이 무엇을 원할지라도

11 다음 중 어법상 <u>어색한</u> 것을 고르시오.

> ⓐ <u>No matter how</u> she ⓑ <u>demands</u> it won't ⓒ <u>be accepted</u> immediately, even though you ⓓ <u>feel</u> the same way ⓔ <u>with her</u>.
> 비록 네가 그녀와 같은 생각일지라도, 그녀가 요구하는 것은 무엇이든지 바로 받아들여지지 않을 것이다.

① ⓐ
② ⓑ
③ ⓒ
④ ⓓ
⑤ ⓔ

12 다음 밑줄 친 부분에 바꾸어 써도 의미가 같은 것을 고르시오.

> While observing the conference, you should not speak out <u>whatever</u> you think.
> 학회를 참관하는 동안, 당신은 당신이 생각하는 것은 무엇이든지 거리낌 없이 말하면 안 됩니다.

speak out 거리낌 없이 말하다

① whichever
② no matter which
③ no matter what
④ anything which
⑤ anything that

13 다음 밑줄 친 부분을 우리말로 올바르게 옮겨 쓰시오.

> <u>Anyone who has purchased at least twice a year</u> is targeted for the event.

→ _____

_____

14 13번 문제에서 밑줄 친 부분을 복합관계대명사를 사용하여 다시 쓰시오.

→ _____

_____

is targeted for the event.

15 주어진 우리말을 however을 사용하여 영작하시오.

> <u>아무리 그녀의 사업이 힘들지라도</u>, 그는 마침내 그것을 인계받았다.

take over 인계받다

→ However _____

he finally took it over.

[16–18] 다음 밑줄 친 부분을 한 단어로 쓰시오.

16

I will always be with you, <u>no matter when</u> the ordeal comes to us.

ordeal 시련

→ _____

17

They are professionals. Therefore they will prepare <u>anything which</u> you order .

→ _____

18

<u>Anything that</u> you would like to drink is exactly the same thing that I want.

→ _____

[19–20] 다음 글을 읽고 답하시오.

Yesterday, I took my first official vote. <u>However busy I was, I had to perform the right as a citizen</u>. Actually, I did not have that much interest in politics. I had read carefully all the brochures delivered before the day of the election. I was not sure at that moment. Now, what I have done is done. _____ I voted for might not be elected. But the important thing is that I gave my opinion.

vote 투표　perform 실행하다　citizen 시민　election 선거

19 밑줄 친 문장을 however의 의미를 살려 올바르게 우리말로 옮기시오.

→ _____

_____

20 빈칸에 들어갈 복합관계대명사를 고르시오.

① Who
② However
③ Whomever
④ Whatever
⑤ Whichever

Chapter 5

가정법

가정법이란?

1 가정법 과거 / 가정법 과거완료

🟦 가정법 과거

현재 사실과 반대되는 일을 나타낼 때 사용한다.

If절의 동사는 과거형을 사용하지만 우리말 해석은 현재로 한다. 주절도 현재로 해석한다.

If	~	were 과거동사	,~	would could should might	+	동사원형
		~라면	,	~할 텐데		

ex. If I had money, I could buy the car. (만일)내가 돈이 있다면, 나는 그 차를 살 수 있을 텐데.

🟦 가정법 과거 완료

과거 사실과 반대되는 일을 나타낼 때 사용한다.

If절의 동사는 과거완료형을 사용하지만 우리말 해석은 과거로 한다. 주절도 과거로 해석한다.

If	~	had been had p.p	,~	would could should might	+	have p.p
		이었다면	,	~했을 텐데		

ex. If I had had money, I could have bought the car. (만일)내가 돈이 있었더라면, 나는 그 차를 살 수 있었을 텐데.

🟦 would, could, should, might의 사용

가정법과거와 가정법과거완료에서 모두 결과절(주절)의 **would. could. should. might** 의 사용이 가능하며 그 의미는 조금 차이가 있다.

would	바램	~할 텐데
could	능력	~할 수 있을 텐데
should	확신	틀림없이~할 텐데
might	추측	~할지도 모를 텐데

ex. If she had money, she **could** buy the ring. (만일)그녀가 돈이 있다면, 그녀는 그 반지를 살 수 있을 텐데.

2 가정법의 직설법 전환

가정법 과거 → 직설법 현재

① If 대신 as로 바꾸어 준다.
② If절의 동사는 '과거형'을 '현재형'으로, 긍정이면 부정으로, 부정이면 긍정으로 바꾸어 준다.
③ 주절의 동사는 'would(should. might) 동사원형'을 '현재형'으로, 긍정이면 부정으로,
부정이면 긍정으로 바꾸어 준다.

(단, 주절의 동사가 'could 동사원형'일 때는 'can 동사원형'으로 바꾸어 준다.)

ex. If she **had** money, she **would** buy the ring. 만일 그녀가 돈이 있다면, 그녀는 그 반지를 살 텐데.

= As she **doesn't have** money, she **doesn't buy** the ring. 〈직설법〉

그녀는 돈이 없으므로, 그녀는 그 반지를 사지 못한다.

가정법과거완료 → 직설법 과거

① If 대신 as로 바꾸어 준다.
② If절의 동사는 '과거완료형'을 '과거형'으로, 긍정이면 부정으로, 부정이면 긍정으로 바꾸어준다.
③ 주절의 동사는 'would(should. might) have P.P'을 '과거형'으로, 긍정이면 부정으로,
부정이면 긍정으로 바꾸어 준다.

(단, 주절의 동사가 'could have 동사원형'일 때는 'could 동사원형'으로 바꾸어 준다.)

ex. If she **had had** money, she **would have bought** the ring.

만일 그녀가 돈이 있었다면, 그녀는 그 반지를 샀을 텐데.

= As she **didn't have** money, she **didn't buy** the ring. 〈직설법〉

그녀는 돈이 없었으므로, 그녀는 그 반지를 사지 못했다.

3 다른 형태의 가정법

주어 wish + 가정법

과거	주어 wish	주어 + be동사(were) 주어 + 일반동사의 과거형	~라면 좋을 텐데
과거완료	주어 wish	주어+had P.P	~이었더라면 좋을 텐데

ex. I wish I **were** a violinist. 내가 바이올린 연주자라면 좋을 텐데.
직설법으로 바꿀 때는 I wish~를 I am sorry~로 바꾸고 나머지를 위처럼 바꾼다.

동사의 현재형 + as if(= as though) + 가정법

과거	as if 주어 + were/동사의 과거	마치 ~인 것처럼
과거완료	as if 주어 + had P.P	마치 ~이었던 것처럼

ex. He talks **as if** he **were** a teacher. 그는 마치 그가 선생님인 것처럼 말한다.
직설법으로 바꿀 때는 as if~를 In fact~로 바꾸고 나머지를 위처럼 바꾼다.

UNIT 1 혼합가정법

혼합가정법이란

if절의 시제가 가정법 과거완료이고 주절의 시제가 가정법 과거로, 과거의 사실이 현재까지 영향을 미치는 경우에 사용한다.

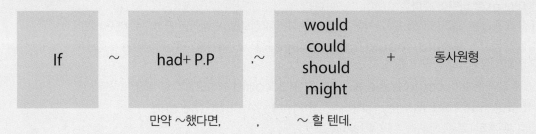

| If | ~ | had+ P.P | ,~ | would
could
should
might | + | 동사원형 |

만약 ~했다면,   ,   ~ 할 텐데.

ex. If I **had** not **met** you then, I **would be** happy now.

내가 그때 너를 만나지 않았더라면 , 나는 지금 행복할 텐데.

= **As** I **met** you then, I **am not** happy now.

내가 그때 너를 만났기 때문에, 나는 지금 행복하지 않다.

Tip! if절은 과거사실의 반대, 주절은 현재사실의 반대를 나타내고 있다.

다음 가정법의 시제를 고르고 알맞은 우리말을 골라 보자.

1 If ~ were ~,   ~ would be ~.   (과거, 과거 완료, 혼합)
만일 (~이라면, ~이었다면) (~일 텐데, ~이었을 텐데)

If ~ had been ~,   ~ would have been ~.   (과거, 과거 완료, 혼합)
만일 (~이라면, ~이었다면) (~일 텐데, ~이었을 텐데)

If ~ had been ~,   ~ would be ~.   (과거, 과거 완료, 혼합)
만일 (~이라면, ~이었다면) (~일 텐데, ~이었을 텐데)

2 If ~ had attended ~,   ~ would meet ~.   (과거, 과거 완료, 혼합)
만일 (~ 참석한다면, ~참석했다면) (~만날 텐데, ~만났을 텐데)

If ~ had attended ~,   ~ would have met ~.   (과거, 과거 완료, 혼합)
만일 (~ 참석한다면, ~참석했다면) (~만날 텐데, ~만났을 텐데)

If ~ attended ~,   ~ would meet ~.   (과거, 과거 완료, 혼합)
만일 (~ 참석한다면, ~참석했다면) (~만날 텐데, ~만났을 텐데)

3 If ~ had had ~,   ~ could have sent ~.   (과거, 과거 완료, 혼합)
만일 (~있다면, ~있었다면) (~보낼 수 있을 텐데, ~보낼 수 있었을 텐데)

If ~ had ~,   ~ could send ~.   (과거, 과거 완료, 혼합)
만일 (~있다면, ~있었다면) (~보낼 수 있을 텐데, ~보낼 수 있었을 텐데)

If ~ had had ~,   ~ could send ~.   (과거, 과거 완료, 혼합)
만일 (~있다면, ~있었다면) (~보낼 수 있을 텐데, ~보낼 수 있었을 텐데)

4 If ~ had believed ~,   ~ would follow ~.   (과거, 과거 완료, 혼합)
만일 (~믿는다면, ~믿었더라면) (~따를 텐데, ~따랐을 텐데)

If ~ had believed ~,   ~ would have followed ~.   (과거, 과거 완료, 혼합)
만일 (~믿는다면, ~믿었더라면) (~따를 텐데, ~따랐을 텐데)

If ~ believed ~,   ~ would follow ~.   (과거, 과거 완료, 혼합)
만일 (~믿는다면, ~믿었더라면) (~따를 텐데, ~따랐을 텐데)

B 기초 TEST

다음 가정법의 시제를 고르고 알맞은 우리말을 써 보자.

1 If he had told me the fact, I would be shocked now.　(과거, 과거완료, (혼합)) 가정

만약에 그가 나에게 그 사실을 ___말했다면___ , 나는 지금 ___충격을 받아 있을텐데___ .

2 If I had finished the project then, I would have time with you now.　(과거, 과거완료, 혼합) 가정

만약에 내가 그때 그 과제를 _____ , 나는 현재 너와 시간을 _____ .

3 If he had not come to her, she might have felt so lonely.　(과거, 과거완료, 혼합) 가정

만약에 그가 그녀에게 _____ , 그녀는 아주 _____ .

4 If she had been angry at you, you would not be with her.　(과거, 과거완료, 혼합) 가정

만약에 그녀가 너에게 _____ , 너는 그녀와 함께 _____ .

5 If we had had more time to see you, we wouldn't have done that to you.　(과거, 과거완료, 혼합) 가정

만약에 우리가 너를 볼 시간이 _____ , 우리는 너에게 그렇게 _____ .

6 If she had noticed your lies, she could have avoided these problems.　(과거, 과거완료, 혼합) 가정

만약에 그녀가 너의 거짓말을 _____ , 그녀는 이 문제를 _____ .

7 If he had tried hard to study Chinese, he could speak 4 languages now.　(과거, 과거완료, 혼합) 가정

만약에 그가 중국어를 공부하는데 열심히 _____ , 그는 현재 4개 언어를 _____ .

8 If I had decided as early as possible, I would be happy now.　(과거, 과거완료, 혼합) 가정

만약에 내가 가능한 일찍 _____ , 나는 지금 _____ .

9 If you had not bought ice cream, I might not have anything to eat now.　(과거, 과거완료, 혼합) 가정

만약에 네가 아이스크림을 _____ , 나는 지금 먹을 것이 아무것도 _____ .

10 If they had not graduated from the college, he would not know you.　(과거, 과거완료, 혼합) 가정

만약에 그들이 그 대학을 _____ , 그는 너를 _____ .

---

notice 알아차리다　　graduate 졸업하다

다음 보기에서 가정법의 시제를 <u>고르고</u> 우리말에 알맞은 영어를 골라 보자.

| 보기 |

❶ 가정법 과거   ❷ 가정법 과거 완료   ❸ 혼합 가정법

---

1 만일 그가 동물을 사랑한다면, 그는 그 개들을 돌볼 텐데.

If he (loved, had loved) animals, he (would look, would have looked) after the dogs.

만일 그가 동물을 사랑했다면, 그는 그 개들을 돌볼 텐데.

If he (loved, had loved) animals, he (would look, would have looked) after the dogs.

만일 그가 동물을 사랑했다면, 그는 그 개들을 돌보았을 텐데.

If he (loved, had loved) animals, he (would look, would have looked) after the dogs.

2 만일 Tom이 나의 말을 믿었다면, 그는 거기에 가지 않았을 텐데.

If Tom (believed, had believed) my words, he (would not go, would not have gone) there.

만일 Tom이 나의 말을 믿었다면, 그는 거기에 가지 않을 텐데.

If Tom (believed, had believed) my words, he (would not go, would not have gone) there.

만일 Tom이 나의 말을 믿는다면, 그는 거기에 가지 않을 텐데.

If Tom (believe, believed) my words, he (would not go, would not have gone) there.

3 만일 그녀가 의사라면, 그녀는 그들을 치료 할지도 모를텐데.

If she (were, have been) a doctor, she (might cure, might have cured) them.

만일 그녀가 의사였다면, 그녀는 그들을 치료 할지도 모를텐데.

If she (were, had been) a doctor, she (might cure, might have cured) them.

만일 그녀가 의사였다면, 그녀는 그들을 치료 했을지도 모를텐데.

If she (had been, have been) a doctor, she (might cure, might have cured) them.

다음 주어진 문장의 가정법 시제를 고르고 우리말에 알맞은 것을 골라 보자.

1 If I (read, had read) his book last year, I would (talk, have talked) about it with him.
내가 작년에 그의 책을 읽었다면, 나는 그와 함께 그것에 관해 말할 텐데.   (과거, 과거완료, 혼합) 가정

2 If she (didn't, had not) quit her job then, she would (be, have been) promoted as a manager now.
그녀가 그 때 그녀의 일을 그만 두지 않았더라면, 그녀는 지금 매니저로 승진할 텐데.   (과거, 과거완료, 혼합) 가정

3 If he (have not, had not) gone on vacation, he could (save, have saved) a lot of money.
그가 휴가 가지 않았다면, 그는 많은 돈을 모을 수 있을 텐데.   (과거, 과거완료, 혼합) 가정

4 If Bill (were, had been) a good boy, he could not(do, have done) that kind of thing.
만일 Bill이 착한 소년이었더라면, 그는 그런 종류의 일을 할 수 없었을 텐데.   (과거, 과거완료, 혼합) 가정

5 If she (were, had been) wise, she might not (decide, have decided) to let you go.
만일 그녀가 지혜롭다면, 그녀는 너를 보내주지 않을 지도 모를 텐데.   (과거, 과거완료, 혼합) 가정

6 If I (knew, had known) him well, I would (understand, have understood) him a lot.
내가 그를 잘 알았더라면, 나는 그를 많이 이해했을 텐데.   (과거, 과거완료, 혼합) 가정

7 If it (rained, had rained) a lot, I could (not go, have not gone) to school now.
비가 많이 왔었다면, 나는 지금 학교에 갈 수 없을 텐데.   (과거, 과거완료, 혼합) 가정

8 If I (were, had been) rich, I would (help, have helped) him to pay for his rent.
내가 부자였다면, 나는 그의 임대료 내는 것을 도왔을 텐데.   (과거, 과거완료, 혼합) 가정

9 If he (knew, had known) everything, we might not (be, have been) scolded.
그가 모든 것을 안다면, 우리는 야단맞지 않을지도 모를 텐데.   (과거, 과거완료, 혼합) 가정

10 If I (were, had been) careful, my arms would not (break, have broken).
내가 조심스러웠다면, 나의 팔은 부러지지 않았을 텐데.   (과거, 과거완료, 혼합) 가정

---

rent 빌리다   scold 야단치다

다음 주어진 문장의 가정법 시제를 고르고 우리말에 알맞은 것을 골라 보자.

1 If I (didn't exercise, had not exercised) harder, I would (not wear, have not worn) a swimsuit confidently.

만일 내가 더 열심히 운동하지 않았다면, 나는 자신 있게 수영복을 입지 못할 텐데.　　(과거, 과거완료, 혼합) 가정

2 If the traffic jam (were not, had not been) heavy, I (can, could) come on time.

만일 교통체증이 심하지 않다면, 나는 정시에 올 수 있을 텐데.　　(과거, 과거완료, 혼합) 가정

3 If the office door (were not, had not been) closed, she would (get, have gotten) into it.

만일 사무실 문이 닫혀 있지 않다면, 그녀는 그 안으로 들어갔을 텐데.　　(과거, 과거완료, 혼합) 가정

4 If my dog (didn't have, had not had) a car accident, it could (walk, have walked) well.

만일 나의 개가 차 사고를 당하지 않았다면, 그것은 잘 걸을 수 있을 텐데.　　(과거, 과거완료, 혼합) 가정

5 If you (ordered, had ordered) a side menu, you would (get, have gotten) a free drink.

만일 네가 사이드 메뉴를 주문했다면, 너는 무료 음료를 얻을 텐데.　　(과거, 과거완료, 혼합) 가정

6 If he (isn't, wasn't) involved in cooking, he could (hear, have heard) the door bell ring.

만일 그가 요리에 관여하지 않는다면, 그는 초인종 소리를 들을 수 있을 텐데.　　(과거, 과거완료, 혼합) 가정

7 If the doctor (regarded, had regarded) it as impossible, he could (not tell, have not told) them he can cure it completely.

만일 의사가 불가능하다고 생각한다면, 그는 그들에게 그가 그것을 완벽하게 치료할 수 있다고 말할 수 없을 텐데.

(과거, 과거완료, 혼합) 가정

8 If they (thought, had thought) the food went bad, they should not (eat, have eaten) it.

만일 그들이 그 음식이 상했다고 생각했다면, 그들은 그것을 틀림없이 먹지 않았을 텐데.　　(과거, 과거완료, 혼합) 가정

9 If you (loved, had loved) yourself, you could (have, have had) self-confidence.

만일 네가 너 자신을 사랑했다면, 너는 자신감을 가질 수 있었을 텐데.　　(과거, 과거완료, 혼합) 가정

10 If the building (had, had had) a narrow hallway, it would (be, have been) hard to move the piano to my room.

만일 그 빌딩에 좁은 복도가 있었다면, 나의 방으로 그 피아노를 옮기기 어려웠을 텐데.　　(과거, 과거완료, 혼합) 가정

---

confidently 자신 있게　free 무료의, 자유로운　narrow 좁은　self-confident 자신감 있는　hallway 복도

A 실력 TEST

다음 주어진 문장의 가정법 시제를 써 넣고 우리말을 영어로 바꿔 보자.

1 만약 그녀는 영화가 재미없다는 걸 알았다면, 그 영화를 결코 보지 않았을 텐데. (know, see)   *과거 완료*

If she *had known* that the movie had been boring, she *would never have seen* it.

2 만약 그 요리에 머리카락 한 올이 없었다면, 그 요리는 완벽했을 텐데. (be, be)

If there _____ a hair on the dish, it _____ perfect.

3 만약 내가 뒷마당에 개가 있다는 것을 봤다면, 거기 가지 않았을 텐데. (see, go)

If I _____ the dogs in the back yard, I _____ there.

4 만약 네가 샤프심이 필요했다면, 그것들을 가지고 왔을 텐데. (need, bring)

If you _____ pencil leads, I _____ them.

5 만약 우리가 컴퓨터에 관한 경험이 많았다면, 지금 너를 도와줄 수 있을 텐데. (have, help)

If we _____ a lot of experience with a computer,

we _____ you now.

6 내가 만약 금발머리라면, 다양한 색으로 염색을 해 볼 수 있을 텐데. (have, try)

If I _____ blond hair, I _____ to dye it various colors.

7 만약 Jun의 개가 그 때 죽지 않았다면, 그가 그것을 여기로 데리고 올 텐데. (die, come)

If Jun's dog _____ then, he _____ here with it.

8 그가 그 과목이 흥미가 있었더라면, 그것을 열심히 공부했을 텐데. (have, study)

If he _____ an interest in the subject, he _____ it hard.

9 만약 내가 여배우라면, 송중기를 만나볼 수 도 있을 텐데. (be, meet)

If I _____ an actress, I _____ Song Joonki.

10 만약 Ann이 그 소식을 미리 들었다면, 너에게 편지를 써 주었을지도 모를 텐데. (hear, write)

If Ann _____ the news in advance, she _____ a letter to you.

---

leads 연필심   **dye** 염색하다   **various** 다양한   **interest** 흥미   **in advance** 미리

실력 TEST

다음 주어진 문장의 가정법 시제를 써 넣고 우리말을 영어로 바꿔 보자.

1 만약에 Elly가 그녀의 친구들에게 전화를 했다면, 그녀는 지금 편하게 느낄 텐데. (call, feel)

혼합

If Elly _had called_ her friends, she _would feel_ comfortable now.

2 만약에 그가 일하러 가기 위해 내 차를 몰지 않았다면, 사고는 나지 않았을 텐데. (drive, happen)

If he _____ my car to work, the car crush _____ .

3 만약에 Jay가 자전거에서 넘어지지 않았다면, 그가 여기 참석할 지도 모를 텐데. (fall, attend)

If Jay _____ off his bike, he _____ here.

4 만약에 나의 아들이 그 우유를 냉장고에 넣었다면, 그것이 지금 상해있지 않을 텐데. (store, be)

If my son _____ the milk in the refrigerator, it _____ spoiled now.

5 만약에 내가 식기 건조기가 있다면, 행주를 사용하지 않을 텐데. (have, use)

If I _____ a dishwasher, I _____ a dishtowel.

6 만약에 그녀가 그 때 선글라스를 썼더라면, 그녀의 눈을 보호할 수 있었을 텐데. (wear, protect)

If she _____ sunglasses then, she _____ her eyes.

7 만약에 Bob이 일을 잘했다면, 관리자로 승진될지도 모를 텐데. (have, be)

If Bob _____ a good performance at work, he _____ promoted to a manager.

8 만약에 그가 스페인 사람이라면, 스페인 말을 아주 잘 할 수 있을 텐데. (be, speak)

If he _____ Spanish, he _____ Spanish very well.

9 만약에 Tom이 그 실수를 하지 않았다면, 그녀가 그를 좋아할지도 모를 텐데. (make, like)

If Tom _____ the mistake, she _____ him.

10 만약에 내가 J. K Rowling 이었다면, 해리포터 시리즈를 끝내지 않았을 텐데. (be, finish)

If I _____ J. K Rowling, I _____ the Harry Potter series.

C 실력 TEST

가정법을 직설법으로 바꿀 때, 알맞은 것을 골라 보자.

1 If I had been a pilot, I could have flown all around the world.
= As I (was, am) not a pilot, I (couldn't, can't) fly all around world.

2 If I had used a ruler, I could have matched those well.
= As I (don't, didn't) use a ruler, I (can't, couldn't) match those well.

3 If he had not made a promise, I wouldn't have expected him to do it.
= As he (make, made) a promise, I (expect, expected) him to do it.

4 If she had cooked food at home, her child would be happy.
= As she (did, didn't) cook food at home, her child (is, isn't) not happy.

5 If the man were an average person, he would marry someone.
= As the man (was, is) not an average person, he (doesn't, didn't) marry anyone.

6 If you were not busy, I would go to Paris with you.
= As you (are, aren't) busy, I (don't, didn't) go to Paris with you.

7 If I had had two cars, I could let you use one.
= As I (don't, didn't) have two cars , I (can't, couldn't) let you use one.

8 If Jim were a Korean, he could understand our history.
= As Jim (was, is) not a Korean, he (can't, couldn't) understand our history.

9 If my sister had not had money, my sister might not have bought the cap.
= As my sister (has, had) money, my sister (buys, bought) the cap.

10 If Jane had a beautiful voice, she would be a voice actor.
= As Jane (doesn't, didn't) have a beautiful voice, she (isn't, wasn't) a voice actor.

다음 가정법을 직설법으로 바꿔 보자.

1 If my mom knew German, she might buy this book.

= As my mom _doesn't know_ German, she _doesn't buy_ this book.

2 If he were a student, he could have a new positive dream.

= As he ＿＿＿＿＿＿ a student, he ＿＿＿＿＿＿ a new positive dream.

3 If you had not helped my sister, she could do her tasks by herself.

= As you ＿＿＿＿＿＿ my sister, she ＿＿＿＿＿＿ her tasks by herself.

4 If I had packed these boxes, we would send these now.

= As I ＿＿＿＿＿＿ these boxes, we ＿＿＿＿＿＿ these now.

5 If she had made her speech perfect, she could have won the prize.

= As she ＿＿＿＿＿＿ her speech perfect, she ＿＿＿＿＿＿ the prize.

6 If he had not waited for me for 3 hours then, I would not meet him now.

= As he ＿＿＿＿＿＿ for me for 3 hours, I ＿＿＿＿＿＿ him now.

7 If he were a good man, he would not steal stuff.

= As he ＿＿＿＿＿＿ a good man, he ＿＿＿＿＿＿ stuff.

8 If they had closed the door, I might not have lost my dog.

= As they ＿＿＿＿＿＿ the door, I ＿＿＿＿＿＿ my dog.

9 If she had not bought the bag. she could pay back your money.

= As she ＿＿＿＿＿＿ the bag. she ＿＿＿＿＿＿ back your money.

10 If I had been allowed to play there, I would have decided to go there.

= As I ＿＿＿＿＿＿ to play there, I ＿＿＿＿＿＿ to go there.

positive 긍정적인 　stuff 물건

Without/But for을 이용한 가정법

1 Without/But for를 이용한 가정법 과거

현재 있는 것을 없다고 가정해서 말할 때 사용하며 아래와 같이 두 가지 같은 표현으로 나타낼 수 있다.

Without/But for If it were not for Were it not for	+ 명사, 주어	would could should might	+ 동사원형
～이 없다면,		～할 텐데.	

ex. **Without** water, we could not survive on the planet.

= **But for** water, we could not survive on the planet.

= **If it were not for** water, we could not survive on the planet.

= **Were it not for** water, we could not survive on the planet.

물이 없다면, 우리는 그 행성에 살 수 없을 텐데.

= As there is water, we can survive on the planet. 〈직설법〉

2 Without/But for를 이용한 가정법 과거완료

과거에 있었던 것을 없었다고 가정해서 말할 때 사용하며 아래와 같이 두 가지 같은 표현을 할 수 있다.

Without/But for If it had not been for Had it not been for	+ 명사, 주어	would could should might	+ have P.P
～이 없었다면,		～했을 텐데.	

ex. **Without** Dan's car, we could not have arrived on time.

= **But for** Dan's car, we could not have arrived on time.

= **If it had not been for** Dan's car, we could not have arrived on time.

= **Had it not been for** Dan's car, we could not have arrived on time.

Dan의 차가 없었다면, 우리는 제 시간에 도착할 수 없었을 텐데.

= As there was Dan's car, we could arrive on time. 〈직설법〉

Tip! 'as if, without (but for)~'가 가정법 과거 인지 가정법 과거완료 인지는, 주절의 동사에 따라 구별할 수 있다.

다음 가정법의 시제를 고르고 우리말로 옮겨 보자.

1 Without him, she might feel so lonely. (과거, 과거완료)

그가 없다면, 그녀는 아주 외롭다고 느낄지도 모를텐데 .

2 Without his plan, we might lose our way. (과거, 과거완료)

.

3 Without a car, people would be inconvenient. (과거, 과거완료)

.

4 Without you, I would not have finished this. (과거, 과거완료)

.

5 Without a stove, she could not have made stew well. (과거, 과거완료)

.

6 But for doctors, we couldn't keep ourselves healthy. (과거, 과거완료)

.

7 But for airplanes, they could not have gone abroad fast. (과거, 과거완료)

.

8 But for dry milk powder, Jane could not feed her baby. (과거, 과거완료)

.

9 But for refrigerators, we could not store food. (과거, 과거완료)

.

10 But for your tents, the campers could not have slept safely. (과거, 과거완료)

.

inconvenient 불편한 stove 스토브/난로 stew 스튜 dry milk powder 분유 store 저장하다 camper 야영객

A 기본 TEST

다음 가정법의 시제를 고르고 다음 중 우리말에 알맞은 것을 골라 보자.

1 Without salt, humans (could hardly live, could hardly had lived).　(과거, 과거완료)
소금이 없다면, 인간은 거의 살 수 없을 텐데.

2 But for a dictionary, I (could not study, could not have studied) English.　(과거, 과거완료)
사전이 없었다면, 나는 영어 공부를 할 수 없었을 텐데.

3 Without a compass, we (might lose, might have lost) our way.　(과거, 과거완료)
나침반이 없다면, 우리는 길을 잃을 지도 모를 텐데.

4 But for you, he (would have been, would be) unhappy.　(과거, 과거완료)
네가 없었다면, 그는 행복하지 않았을 텐데.

5 Without the sun, the crops (could not grow, could not have grown).　(과거, 과거완료)
태양이 없다면, 작물이 자랄 수 없을 텐데.

6 But for the amusement park, we (would not have had, would not have) fun.　(과거, 과거완료)
놀이공원이 없었다면, 우리는 재미없었을 텐데.

7 Without a clock, we (would be, would have been) inconvenienced.　(과거, 과거완료)
시계가 없다면, 우리는 불편할 텐데.

8 But for trees, we (could not have gotten, could not get) oxygen.　(과거, 과거완료)
나무가 없다면, 우리는 산소를 얻을 수 없을 텐데.

9 But for the teacher, I (could like, could have liked) the subject.　(과거, 과거완료)
그 선생님이 없었다면, 나는 그 과목을 좋아할 수 없었을 텐데.

10 Without your apple jam, this sandwich (would not be, would not have been) tasty.
너의 사과 잼이 없었다면, 이 샌드위치는 맛있지 않았을 텐데.　(과거, 과거완료)

---

dictionary 사전　compass 나침반　crop 작물　oxygen 산소

우리말에 알맞게 문장을 완성해 보자.

1 당신의 노력이 없었다면, 이 공사는 완성되지 않았을 텐데. (complete)

But for your effort, this construction _would not have been completed_ .

2 컴퓨터가 없다면, 이 세상은 느리게 돌아갈 텐데. (rotate)

But for a computer, the world _____ slowly.

3 그가 아니었다면, 우리는 이 프로젝트를 성공하지 못했을 텐데. (succeed)

Without him, we _____ in this project.

4 먹이가 없다면, 저 고래는 춤추지 않을 텐데. (dance)

Without treats, the whale _____ .

5 예가 없었다면, 학생들은 문제를 이해 할 수 없었을 텐데. (understand)

But for an example, the students _____ the question.

6 그 목격자가 아니었다면, 그 탐정이 그 사건을 해결하지 못했을 텐데. (solve)

Without the witness, the detective _____ the case.

7 달이 없다면, 우리는 밤에 거의 아무것도 볼 수 없을 텐데. (see)

But for the moon, we _____ anything at night.

8 신호등이 없다면, 우리는 심한 교통체증에 고통 받을 텐데. (suffer)

Without traffic lights, we _____ from a heavy traffic jam.

9 벌이 없다면, 우리는 꿀을 얻지 못할지도 모를 텐데. (get)

But for bees, we _____ honey.

10 원활한 의사소통 없었다면, 그들은 함께 잘 살 수가 없었을 텐데. (live)

Without good communication, they _____ together well.

construction 공사   rotate 돌다   treats 특별간식   witness 목격자, 목격하다   detective 탐정
suffer 고통받다   communication 소통

C 기본 TEST

다음 중 우리말에 알맞은 것을 골라 보자.

1 (Were it not, Had it not been) for his teddy bear,
Tom (might not sleep, might not have slept) well.
만약 테디 베어가 없다면, Tom은 잠을 잘 자질 못할지도 모를 텐데.

2 (Were it not, Had it not been) for candy,
I (could not soothe, could not have soothed) a crying baby.
만약 사탕이 없다면, 나는 그 우는 아이를 달랠 수 없을 텐데.

3 (Were it not, Had it not been) for love,
they (would not be married, would not have been married).
만약 사랑 없었다면, 그들은 결혼하지 못했을 텐데.

4 (Were it not, Had it not been) for your note-taking,
he (could prepare, could not prepare) for the test.
만약 너의 노트가 없다면, 그는 시험 준비를 잘 할 수 없을 텐데.

5 If (it were not, it had not been) for a lawn mower,
you (could not mow, could not have mowed) the grass.
만약 잔디 깎기가 없었다면, 너는 잔디를 깎을 수 없었을 텐데.

6 If (it were not, it had not been) for teachers,
I (might not draw, might not have drawn) well.
만약 선생님들이 없다면, 내가 그림을 잘 그리지 못할지도 모를 텐데.

7 If (it were not, it had not been) for him,
she (could not publish, could not have published) this book.
만약 그가 없었다면, 그녀는 이 책을 출판할 수 없었을 텐데.

8 If (it were not, it had not been) for her,
he (would not enjoy, would not have enjoyed) the party.
만약 그녀가 없다면, 그는 그 파티를 즐기지 않을 텐데.

9 If (it were not, it had not been) for the fire fighter,
we (could not rescue, could not have rescued) them safely.
만약 그 소방대원이 없었다면, 우리는 그들을 무사히 구조할 수 없었을 텐데.

10 If (it were not, it had not been) for a mouse,
I (might be, might have been) uncomfortable.
만약 마우스가 없다면, 나는 불편할지도 모를 텐데.

---

note-taking 필기(한 것) lawn mower 잔디 깎는 기계 publish 출판하다 rescue 구조하다

D 기본 TEST

정답 및 해설 **p.18**

주어진 문장을 같은 의미의 문장으로 바꿔 써 보자.

1 But for your advice, he would make the wrong choice.

= *Without*　　　　　your advice, he would make the wrong choice.

= *If it were not for*　　your advice, he would make the wrong choice.

= *Were it not for*　　your advice, he would make the wrong choice.

2 Without him, she could have experienced such an exciting activity.

= 　　　　　　　　　, she could have experienced such an exciting activity.

= 　　　　　　　　　, she could have experienced such an exciting activity.

= 　　　　　　　　　, she could have experienced such an exciting activity.

3 If it were not for street lamps, I would not walk on this way.

= 　　　　　　　　street lamps, I would not walk on this way.

= 　　　　　　　　street lamps, I would not walk on this way.

= 　　　　　　　　street lamps, I would not walk on this way.

4 Without a sense of taste, I could not feel flavors.

= 　　　　　　　　a sense of taste, I could not feel flavors.

= 　　　　　　　　a sense of taste, I could not feel flavors.

= 　　　　　　　　a sense of taste, I could not feel flavors.

5 But for a needle, mom could not have sew the clothes.

= 　　　　　　　　a needle, mom could not have sew the clothes.

= 　　　　　　　　a needle, mom could not have sew the clothes.

= 　　　　　　　　a needle, mom could not have sew the clothes.

street lamp 가로등　**clothes** 의복(*cloth 천)

A 실력 TEST

정답 및 해설 p.18

주어진 동사를 이용하여 주어진 문장을 우리말에 알맞게 바꿔 보자.

1 But for *our friendship*, we *couldn't overcome* this tough situation.
우리의 우정이 없다면, 우리는 이 힘든 상황을 극복할 수 없을 텐데. (overcome)

2 If   the show, we   time doing something.
만약에 그 쇼가 없었다면, 우리는 무언가를 하는 데에 그 시간을 썼을 텐데. (spend)

3 If   her shoe, Cinderella   the prince again.
만약에 그녀의 신발 한 짝이 없다면, 신데렐라는 왕자를 다시 만날 수 없을 텐데. (meet)

4 Without your ability to choose colors well, this design   better.
당신의 컬러를 잘 선택하는 능력이 없다면, 이 디자인은 더 좋아 보이지 않을 텐데. (look)

5 Without a friend, Jim   very lonely.
만약에 친구가 없었다면, Jim은 매우 외로웠을지도 모를 텐데. (be)

6 If   the daily exam, It   hard to evaluate the students.

만약에 일일 시험이 없었다면, 학생들을 평가하기란 어려웠을 텐데. (be)

7 Without rain, plants   .
비가 없다면, 식물들은 생존할 수 없을 텐데. (survive)

8 If   the Bible, we   God.
성경이 없다면, 우리는 신을 알 수 없을 텐데. (know)

9   music, we   in a boring life.
만약에 음악이 없다면, 우리는 지루한 삶을 살고 있을 텐데. (be)

10   your cooperation, our company   the innovation.
만약에 여러분의 협조가 없었다면, 우리 회사는 그 혁신을 이루지 못했을 텐데. (complete)

---

overcome 극복하다   cooperation 협조   complete 완성하다   innovation 혁신

01 다음 중 어법상 어색한 것을 고르시오.

> ⓐ <u>Without</u> her ⓑ <u>complete</u>
> support, he ⓒ <u>could</u> not ⓓ <u>finished</u>
> his studies ⓔ <u>in graduate school</u>.
> 그녀의 전폭적인 지지가 없었다면, 그는 대학원에서 그의 학업을 마칠 수 없었을 텐데.

① ⓐ
② ⓑ
③ ⓒ
④ ⓓ
⑤ ⓔ

02 다음 중 혼합가정법이 아닌 문장을 고르시오.

① If I had behaved well, she would be satisfied.
② If they had tried hard, they could get a good score.
③ If you had not been so shy, you might have been a speaker.
④ If she had refused it, she would not be stressed out.
⑤ If he had had an electronic dictionary, his work might be easy.

03 다음 두 문장이 같은 뜻이 되도록 빈칸에 알맞게 쓰시오.

> If he had not informed me of the changed schedule, I might be late.
> = As he informed me of the changed schedule, _____.

→ _____

04 다음 문장에서 밑줄 친 부분과 바꾸어 쓸 수 없는 것을 두 개 고르시오.

> <u>But for</u> flight, I should travel to another continent by ship.

① Without
② If it were not for
③ If it had not been for
④ Were it not for
⑤ Had it not been for

05 주어진 우리말을 참고하여 빈칸에 들어갈 동사를 알맞은 형태로 쓰시오.

> But for his savings, we _____ _____ this house at that time.
> 그의 저금이 없었다면, 우리는 그때 이 집을 살수 없었을 텐데.

→ (buy) _____

[06–08] 주어진 가정법을 직설법으로 바꿀 때 빈칸에 알맞게 쓰시오.

06

> If I were a flutist, I could apply for a member of a jazz ensemble.

ensemble 합주단

→ As I _____ _____ a flutist,
I _____ _____ _____
for a member of a jazz ensemble.

07

> If you had obtained a preview ticket, you might be in theater with her by now.

preview 시사회

→ As you _____ _____
_____ a preview ticket, you
_____ _____ in theater
with her by now.

08

> Had it not been for your advice, I would have failed.

→ As there _____ your advice,
I _____ _____ _____.

09 다음 주어진 단어를 우리말에 맞도록 배열하시오.

> 만일 커피가 없었다면, 나는 잠들었을지도 모를 텐데.

(asleep, had, not, been, coffee, I, fallen, have, if, it, might, for)

→ _____
_____

10 다음 문장을 우리말로 올바르게 옮긴 것을 고르시오.

> If Amy had sent the parcel she requested by express, she would receive it without a problem.

① 만일 Amy가 그녀가 부탁한 소포를 속달로 보낸다면, 그녀는 그것을 문제없이 받을 것이다.
② 만일 Amy가 그녀가 부탁한 소포를 속달로 보낸다면, 그녀는 그것을 문제없이 받을 텐데.
③ 만일 Amy가 그녀가 부탁한 소포를 속달로 보낸다면, 그녀는 그것을 문제없이 받았을 텐데.
④ 만일 Amy가 그녀가 부탁한 소포를 속달로 보냈다면, 그녀는 그것을 문제없이 받을 텐데.
⑤ 만일 Amy가 그녀가 부탁한 소포를 속달로 보냈다면, 그녀는 그것을 문제없이 받았을 텐데.

[11–12] 다음 대화를 읽고 물음에 답하시오.

> Alex : Congratulations! How could you pass the bar exam?
> Dan : Well, I just did my best.
> Alex : No way. ⓐ <u>If you had not had your own secret, you could not pass it.</u>
> Dan : When it comes to my secret, the habit of noting can be my secret. Look, you will understand.
> Alex : Wow! It is crystal clear.
> Dan : It is. ⓑ _____ my old habit, I would not have made it in such a short period.
> Alex : I can see that. And, you should admit giving a lot of effort.

bar exam 변호사시험(사법시험) crystal clear 아주 분명한

11 주어진 우리말을 참고하여 ⓐ 문장에서 <u>틀린</u> 부분을 고쳐 다시 쓰시오.

> 만일 네가 너만의 비법이 없었다면, 너는 합격 할 수 없었을 텐데.

→ _____

_____

12 ⓑ에 들어갈 수 있는 것은 괄호 안에 O를, 없는 것에는 X를 쓰시오.

> - Without (　　)
> - But for (　　)
> - Had it not been for (　　)

[13–15] 다음 가정법의 시제를 고르고 밑줄 친 부분을 우리말로 옮기시오.

13
> If I had gotten up early in the morning, <u>I could have had enough time to finish</u> <u>this homework.</u>

(과거, 과거완료, 혼합)

→ _____

_____

14
> If she had not bullied her classmates, <u>there might be more friends beside her.</u>

bully 괴롭히다

(과거, 과거완료, 혼합)

→ _____

_____

15
> If we had saved up, <u>we would not face financial difficulties now.</u>

save up 저금하다　face 직면하다

(과거, 과거완료, 혼합)

→ _____

_____

16 다음 문장에 대해 <u>틀린</u> 것을 고르시오.

> <u>If it were not for</u> his letter with the changed schedule, I could not attend the annual conference.

① 밑줄 친 부분을 without으로 바꿀 수 있다.
② 밑줄 친 부분을 but for로 바꿀 수 있다.
③ 밑줄 친 부분 뒤에는 명사가 와야 한다.
④ 과거에 있었던 것을 없었다고 가정해서 말할 때 사용하는 시제를 사용했다.
⑤ 주절의 동사에 따라 시제를 구분할 수 있다.

17 다음 중 밑줄 친 우리말을 올바른 어순으로 배열한 것은?

> <u>여분의 타이어가 없었다면</u>, I might have stayed there all night.

① Had it not for a spare tire
② Had it not been for a spare tire
③ Had it not without a spare tire
④ If it were not for a spare tire
⑤ Were it not for a spare tire.

[18~20] 다음 글을 읽고 답하시오.

> Have you ever thought about the salt? The salt is one of the most important element. First of all, ⓐ <u>without the salt,</u> we could not maintain the balance in our body. Salt is the essential ingredient for cooking as well. It makes food tasty. ⓑ <u>If the salt had not existed,</u> <u>the word 'salt' would not have existed now.</u>

element 요소 essential 필수적인

18 ⓐ문장을 아래와 같이 바꿀 때, 뜻이 통하도록 빈칸의 동사를 알맞게 변화시키시오.

> if it (be)_____ the salt

→ _____

19 ⓑ문장에서 문법상 <u>틀린</u> 부분을 찾아 고치시오.

_____ → _____

20 ⓑ문장을 19번의 정답을 적용하여 우리말로 옮기시오.

→ _____

_____

01 다음 밑줄 친 부분을 우리말로 올바르게 쓰시오.

> <u>Without the agricultural subsidies,</u> he would not have kept his farm.

agricultural 농업의 subsidy 보조금

→ _____

02 다음 문장을 지시대로 바꾸어 쓰시오.

> If she had not been addicted to sweets, she could have lost weight as much as she had planned.
> 만일 그녀가 단것들에 중독되지 않았다면, 그녀가 계획했던 만큼 많이 살을 뺄 수 있었을 텐데.

addicted to ~에 중독된

(직설법)

→ As _____

_____

as much as she had planned.

03 다음 두 문장이 같은 뜻이 되기 위해 빈칸에 들어갈 말을 고르시오.

> Without this first aid kit, he could not stop the bleeding.
> = If it _____ for this first aid kit, he could not stop the bleeding.

first aid kit 구급상자   bleeding 출혈

→ _____

[04–05] 다음 주어진 우리말과 뜻이 통하는 것을 고르시오.

04
> If I (was, had been) called to step on the stage, I (would tremble, would have trembled) all over.
> 만일 내가 무대에 오르도록 불린다면, 나는 덜덜 떨 텐데.

05
> (If, But for) the fire siren, we could not (escape, have escaped) from the building.
> 화재경보가 없었다면, 우리는 건물에서 탈출할 수 없었을 텐데.

escape 탈출하다

[06–08] 다음 대화를 읽고 물음에 답하시오.

Blare : Why didn't you answer my requests
by email? I can't understand you.

Kate : I was on a vacation for 2 weeks. It is
my first day back.

Blare : You should have told me about it.
ⓐ I would have not sent requests
to you if I had known that.

Kate : Albert was taking on my work for
the last 2 weeks.

Blare : ⓑ As he did not tell me about it, I
was so upset about you.

Kate : So sorry, what can I do?

---

take on (일을) 맡다

06 밑줄 친 ⓐ 문장을 직설법으로 쓸 때, 빈칸에 알맞은
것을 쓰시오.

→ I _____ requests to you as I
_____ that.

07 다음 중 대화문을 통해 알 수 있는 사실이 <u>아닌</u> 것은?

① Blare는 Kate에게 이메일로 요청했다.
② Kate는 2주 동안 자리를 비웠다.
③ Albert가 Blare가 요청한 일을 처리해주었다.
④ Blare는 kate가 휴가 간 사실을 모르고 있었다.
⑤ Blare는 Kate에게 화가 났었다.

08 ⓑ를 가정법으로 바꿀 때, 주어진 동사를 알맞게 변
화시키시오.

If he (tell)_____ me about
it, I would not (be)_____
upset about you.

→ _____

→ _____

09 어법상 시제를 고려할 때, 밑줄 친 부분과 바꾸어 쓸
수 없는 것을 두 개 고르시오.

If he had changed his mind, we
<u>would</u> work together as a perfect
team.

---

① should
② could
③ might
④ may
⑤ had

10 다음 빈칸에 들어갈 부분을, 주어진 단어를 활용하여
쓰시오.

_____ his call
every morning, she could be late
at work.

(for, it, were, not)

→ _____

[11–13] 다음 주어진 문장을 지시대로 쓰시오.

11

If they pretended not to know the truth, she will not be upset that much.

(혼합가정법)

→ If they _____ not to

know the truth, _____

_____

12

If I had married him, I would live with him in France.

(직설법)

→ _____

_____

13

As there are DVDs, we are not bored while waiting for her.

(Without을 이용한 가정법)

→ Without _____

_____

while waiting for her.

[14–15] 다음 글을 읽고 답하시오.

ⓐ <u>Without</u> Joy, we might have had a normal experience during summer. Our original plan was to stay one night at the campsite. Joy was in charge of a tent and dinner. However she totally forgot bringing them. When we panicked, Joy said that her grandmother's house was nearby. We went there. It was beyond what we imagined. There were an attic, a pool and so on. Above all things, her grandmother was the best cook ever. It was an awesome experience for me.

beyond ~이상   attic 다락   awesome 멋진

14 ⓐ와 바꾸어 쓸 수 있는 표현을 두 개 쓰시오.

→ _____

_____

15 윗글의 내용을 바탕으로 아래의 우리말을 영작하시오.

만일 Joy가 텐트를 가져왔었다면, 나는 떠올릴 멋진 경험을 가지지 못할 텐데.

recall 떠올리다

→ If _____

_____

the awesome experience to recall.

16 다음 중 어법상 어색한 부분을 찾아 고치시오.

> If she was not bitten by a dog, she would not have a trauma.
> 만일 그녀가 강아지에게 물리지 않았다면, 그녀에게 트라우마가 없을 텐데.

_____ → _____

17 다음 두 문장이 같은 뜻이 되도록 빈칸에 알맞은 것을 쓰시오.

> If I had not caught a bad cold, I might not have been absent on the first day of school.
> = _____ I caught a bad cold, I _____ on the first day of school.

→ _____

18 다음 문장의 가정법 시제를 고르시오.

> Had it not been for an emergency contact, we could not have called you at that time.

(과거, 과거완료, 혼합)

19 다음 주어진 단어를 우리말에 맞도록 배열하시오.

> 한국어로 된 지도가 없다면, 우리는 길을 잃을 텐데.

(if, were, lost, it, not, Korean, in, would, we, for, a, map, get)

→ _____

_____

20 다음 가정법 문장을 직설법으로 올바르게 옮긴 것을 고르시오.

> But for your advice, I might have been cheated by a fraud.

fraud 사기꾼

① As there was your advice, I was not cheated by a fraud.
② As there was your advice, I might be cheated by a fraud.
③ As there was your advice, I might not have been cheated by a fraud.
④ As there is your advice, I can not be cheated by a fraud.
⑤ As there is your advice, I can be cheated by a fraud.

Chapter 6

전치사

전치사란?

1 시간을 나타내는 전치사

📦 for 와 during

for	~동안	시간의 길이를 나타낸다.
during	~동안	특정 기간을 나타낸다.

ex. I studied English **for** 3 hours. 나는 3시간 동안 영어를 공부했다.
It snowed **during** the night. 밤새 눈이 내렸다.

📦 from 과 since

from	~부터	동작이나 사건이 '시작되는 시점'을 말한다.
since	~부터/~이래로	과거에 일어난 일이 '현재까지 계속될 때'

ex. I worked for the bank **from** May. 나는 5월부터 그 은행에서 일했다.
I have lived here **since** 2008. 나는 2008년부터 여기서 살고 있다.

📦 by 와 until (till)

by	~까지	동작이나 상태의 '끝나는 시점'을 나타낼 때
until/till	~까지	동작이나 상태가 '어느 한 시점까지 계속'될 때

ex. I will come back **by** 6. 나는 6시까지 돌아 올 것이다.
I waited for her **until** 6. 나는 6시까지 그녀를 기다렸다.

2 장소, 방향을 나타내는 전치사, 기타 전치사

📦 장소를 나타내는 전치사 above, below

above	~보다 떨어져서	위에
below	~보다	아래에

ex. An airplane is flying **above** the clouds. 비행기가 구름 위를 날고 있다.
He hit **below** the belt. 그는 벨트 아래를 쳤다.

📦 방향을 나타내는 전치사 to, for

to	~로/~에	주로 도착지를 나타내며, go, come, return 등의 동사와 함께 쓰인다.
for	~로/~을 향하여	주로 도착지를 나타내며 start, leave 등의 동사와 함께 쓰인다.

ex. He went **to** Switzerland. 그는 스위스에 갔다.
She left **for** Seoul. 그녀는 서울로 떠났다.

3 전치사를 이용한 표현

◆ be동사 + 형용사 + 전치사

be late for ~	~에 늦다
be absent from ~	~에 결석하다
be proud of ~	~을 자랑스러워하다
be afraid of ~	~을 두려워하다
be interested in ~	~에 흥미가 있다
be tired of ~	~에 싫증이 나다
be good at ~	~을 잘하다
be bad(poor) at ~	~을 못하다
be full of ~	~으로 가득 차 있다
be filled with ~	~으로 가득 차 있다
be different from ~	~와 다르다
be famous for ~	~로 유명하다

ex. My best friend was absent from school yesterday. 나의 절친은 어제 학교에 결석했다.

◆ 일반 동사 + 전치사

look at ~	~을 보다
listen to ~	~을 듣다
wait for ~	~를 기다리다
look for ~	~를 찾다
take care of ~	~를 돌보다
look like ~	~처럼 보이다
look forward to ~	~를 고대하다
get to ~	~에 도착하다

ex. I'm looking forward to seeing the famous writer.
나는 그 유명한 작가를 만나기를 고대하고 있다.

전치사＋명사
유의해야 할 전치사

1 전치사 + 명사

전치사는 전치사의 목적어가 되는 명사와 함께 형용사나 부사의 역할을 하기도 한다.

전치사 + 명사 = 형용사구/부사구

형용사구

앞의 명사를 수식해 준다.

ex. The girl <u>in the red dress</u> is coming here. 빨간 드레스를 입은 소녀가 여기로 오고 있다.
　　　　　　　　형용사구

부사구

동사, 형용사, 문장 전체를 수식해 준다.

ex. 〈동사 수식〉 I stayed **at my friend's room**. 나는 나의 친구의 방에 머물렀다.

　　〈형용사 수식〉 He was aware **of her success**. 그는 그녀의 성공을 인지했다.

　　〈문장 전체 수식〉 **At the club**, they met her husband. 그 클럽에서, 그들은 그녀의 남편을 만났다.

2 by / for, for / against

by / for

by ~	단위
for ~	가격

ex. They sell rice **by** the kilo. 쌀을 킬로그램 단위로 판다.
I bought the onions **for** 2,000 won. 나는 양파들을 2천원 주고 샀다.

for / against

for ~	~에 찬성하는
against ~	~에 반대하는

ex. Kate is **for** keeping pets. Kate는 애완동물을 기르는 것에 찬성한다.
ex. Jane is **against** keeping pets. Jane은 애완동물을 기르는 것에 반대한다.

3 at, in, on

at	in	on
현재/특정한 때	과거/미래	특정한 날
at present 현재에 at Christmas 크리스마스에	in the past 과거에 in the future 미래에	on Thanksgiving day on my birthday on a sunny day
특정한 시점	세기/년대	특정한 날의 때
at that time 그 때 at the moment(now) 지금 at the same time 동시에 at the weekend(weekends) 주말에	in the 21st century 21세기에 in the 70's 70년대에	on that morning on Christmas Eve on Friday night

ex. It is unusual **in** the 21st century. 그것은 21세기에는 평범하지 않다.

4 전치사를 쓰지 않는 경우

this, that, next, last, every 등과 함께 오는 시간을 나타내는 명사 앞에는 전치사를 붙이지 않는다.
ex. we met each other ~~in~~ last month. 우리는 지난달에 서로 만났었다.

5 그 외의 전치사

by + 수단(능동)	~(통신/결제)로/(교통) ~을 타고
by + 행위자(수동)	~에 의해
in + 언어	~(언어)로
in + 시간/기간	~후에
like	~처럼
as	~로서
but	~을 제외하고
despite	~에도 불구하고
except	~을 제외하고

ex. I will get these blue balls **except** the red balls.
나는 그 빨간 공들을 제외하고서, 이 파란 공들을 가질 것이다.

다음 중 알맞은 전치사를 골라 보자.

1 I usually meet him (on, in) a sunny day.

2 It will happen (in, at) the future.

3 I'm very busy (in, at) the moment.

4 She is (for, by) the policy.

5 (In, At) that time, they recognized each other.

6 They called James J.J (in, at) the same time.

7 The ice cream looks (alike, like) corn.

8 Love is losing its meaning (in, at) present.

9 How much is that anchovy (by, for) the kilogram?

10 They didn't meet (in, at) Christmas.

11 I am going to shop (in, on) the weekend.

12 (Except, Except that) her sister, Anna's family all have been to Paris.

13 It happened (in, at) the past.

14 He is (to, against) the Governor's opinion.

15 He is the only one that loves you (in, at) your life.

---

moment 순간   policy 정책   recognize 알아채다   meaning 뜻   anchovy 멸치   governor 총독

다음 중 알맞은 전치사를 골라 보자.

1 The song was very popular (in, by) the 80's.

2 (Against, To) my advice, my mother fed my dog some carrots.

3 Science is improving more and more (in, on) the 21st century.

4 They sell their organic shampoo (at, by, for) the gram.

5 I am going to make a cake for you (on, at) your birthday.

6 They finally will meet each other (in, on) three days.

7 The event always is held (on, at) Friday night.

8 She came out from her house (in, by) a few minutes.

9 I bought these shoes (at, by, for) $300.

10 He gave me a gift (on, at) Christmas Eve.

11 She testified (by, against) him (on, at) that time.

12 (Although, Despite) this happy moment, she felt anxious.

13 My brother and my sister fought (on, in) that morning.

14 He hit the glasses (with, in) a stick.

15 Nobody (and, but) you can be my wife.

---

century 1세기   testify 증언하다   organic 유기농의

B 기본 TEST

다음 알맞은 전치사를 써 넣어 보자.

1 I'm _against_ people driving big cars.
나는 큰 차를 운전하는 사람들을 반대한다.

2 We will make it _____ Tuesday morning.
우리는 화요일 아침에 그것을 만들 것이다.

3 I'm not sure why Jane is _____ the idea.
나는 Jane이 왜 그 생각에 동의를 하는지 확신이 가지 않는다.

4 People give thanks to God _____ Thanksgiving day.
사람들은 추수감사절에 하나님께 감사드린다.

5 I was bathing in the tub _____ that morning.
나는 그 날 아침 욕조에서 목욕을 하는 중이었다.

6 He believed that love was priority _____ that time.
그는 그 당시에 사랑이 우선순위라고 믿었다.

7 _____ the fact that she loves him, she can never confess her love.
그녀는 그를 사랑한다는 사실에도 불구하고, 그녀는 결코 그녀의 사랑을 그에게 고백할 수 없다.

8 We used to ride on carriages _____ the past.
우리는 과거에 마차를 타곤 했다.

9 A teacher is a very important person _____ your life.
선생님은 너의 인생에 아주 중요한 사람이다.

10 _____ the 90's, people thought it was impossible to have a small television in their hands.
90년대에는, 사람들이 작은 텔레비전을 그들의 손안에 넣고 다는 것이 불가능하다고 생각했다.

---

sure 확신하는   **Thanksgiving day** 추수감사절   **priority** 우선순위   **confess** 고백하다   **carriage** 마차

다음 우리말에 알맞게 문장을 완성해 보자. ('전치사+명사' 사용)

1 I cannot decide what to do *at the moment* .
나는 지금 무엇을 할지를 결정할 수가 없다.

2 Are you ?
당신은 이 계획에 찬성입니까 혹은 반대입니까?

3 He leaned .
그는 벽에 기대 서 있었다.

4 It affected both men and women .
그것은 남자와 여자 모두에게 동시에 영향을 미쳤다.

5 They work every day .
그들은 일요일을 제외하곤 매일 일한다.

6 He regards his dog .
그는 그의 개를 가족으로 간주한다.

7 These rainboots will be useful .
이 장화는 비 오는 날 유용할 것입니다.

8 I purchased a tuna fish .
나는 참치 한 마리를 900 달러에 구입했다.

9 What are you doing ?
주말에 무엇을 하나요?

10 Everyone attended the meeting.
Bob을 제외하곤 모든 사람이 그 회의에 참석했다.

---

lean 기대다 **affect** 영향을 미치다 **tuna** 참치

UNIT 2

전치사를 이용한 표현

🧊 be동사 + 형용사 + 전치사

be ashamed of ~	~을 부끄러워하다
be alarmed at ~	~에 놀라다
be busy with ~	~로 바쁘다
be capable of ~	~할 수 있다
be crowded with ~	~로 붐비다
be jealous of ~	~을 질투하다
be related to ~	~와 관련 있다
be scared of ~	~을 무서워하다
be similar to ~	~와 비슷하다
be worried about ~	~에 대해 걱정하다

ex. Minho **is jealous of** my marks. 민호는 나의 성적을 질투한다.

🧊 일반 동사 + 전치사

apply for ~	~에 지원하다	depend on ~	~에 의지하다/~에 달려있다
believe in ~	~을 믿다	laugh at ~	~를 비웃다
belong to ~	~에 속하다	look after ~	~를 돌보다
care about ~	~에 대해 마음을 쓰다	prefer A to B	B보다 A를 선호하다
care for ~	~를 돌보다/~을 좋아하다	result from ~	~가 원인이다
compare...with ~	...를 ~와 비교하다	succeed in ~	~에 성공하다
concentrate on ~	~에 집중하다	take after ~	~를 닮다
consist of ~	~로 구성되다	think of ~	~을 생각하다

ex. She couldn't **concentrate on** her work because of her baby.
그녀는 그녀의 아기 때문에 그녀의 일에 집중할 수 없었다.

다음 중 알맞은 전치사를 골라 보자.

1 Your problem is similar (as, (to)) mine.

2 My mother isn't worried (to, about) my father.

3 The shopping mall is crowded (with, of) Chinese tourists.

4 Erica is scared (of, at) bats.

5 Karen is jealous (as, of) her sister's beauty.

6 You should be ashamed (from, of) yourself.

7 The scholars were alarmed (to, at) the result.

8 This movie is related (with, to) a true story.

9 A rectangle is not similar (as, to) a triangle. .

10 I was busy (with, at) repairing the dog house.

11 Don't be jealous (for, of) another person's.

12 Don't be alarmed (from, at) the scream.

13 I don't want to be busy (at, with) making dinner.

14 I'm not capable (of, with) creative work.

15 The department store was crowded (of, with) many foreigners.

---

similar 비슷한 **crowded** 붐비는 **alarm** 놀란 **relate** 관련시키다 **rectangle** 직사각형 **triangle** 삼각형
scream 소리 지르다 **capable** 가능한

다음 우리말에 알맞게 문장을 완성해 보자.

1 My cat   *is alarmed at*   the big sound.
나의 고양이는 큰 소리에 놀란다.

2 His new novel   his previous novel.
그의 새로운 소설은 그의 이전의 소설과 비슷하다.

3 Anna   her bad habit.
Anna는 그녀의 나쁜 습관에 대해 부끄러워한다.

4 A mother   her son's future.
어머니는 그녀의 아들의 미래를 걱정한다.

5 The stadium   a full of audience.
그 주 경기장은 많은 관중들로 붐빈다.

6 The queen   the princess Snow White's beauty.
여왕은 백설 공주의 아름다움을 질투한다.

7 The boss   the conference.
사장님은 회의로 바쁘셨다.

8 He   teaching French.
그는 프랑스를 가르칠 능력이 있다.

9 My dog   hair dryers.
나의 개는 헤어드라이어를 무서워한다.

10 Greek myth might   science.
그리스 신화는 과학과 관련이 있을 지도 모른다.

---

stadium 경기장   hair dryer 헤어드라이어   myth 신화

다음 우리말에 알맞게 문장을 완성해 보자.

1 The president *was capable of* handling the difficulties.
그 회장은 어려움들을 다룰 수 있는 능력이 있었다.

2 People the news.
사람들은 그 소식에 놀랐었다.

3 Sean her business.
Sean은 그녀의 사업과 관련이 있다.

4 Your opinion mine.
너의 의견은 내 것과 비슷하다.

5 She the place.
그녀는 그 장소를 무서워했다.

6 They her vulnerable emotions.
그들은 그녀의 상처받기 쉬운 감정을 걱정했다.

7 The murder case might a violence organization.
그 살인 사건은 폭력조직과 관련이 있을 지도 모른다.

8 Their son his younger bother.
그들의 아들은 항상 그의 남동생을 질투한다.

9 He making her crying baby laugh.
그는 그녀의 우는 아기를 웃게 만드는 능력이 있다.

10 She not having a boyfriend.
그녀는 남자친구가 없는 것에 창피해 한다.

organization 조직

다음 중 알맞은 것을 골라 보자.

1   He succeeds (in, to) selling his own picture.

2   Are you caring (for, about) me?

3   Justine believes (on, in) magic shows.

4   We need to concentrate (at, on) our plan.

5   It belongs (to, from) me.

6   Nurses look (before, after) patients.

7   Please, think (to, of) me.

8   He tends to take (after, of) his brother.

9   Nobody applies (for, of) our reading club.

10 They are really caring (for, about) the matter.

11 The incident results (of, from) your carelessness.

12 I prefer reading books alone (into, to) hanging out with friends.

13 A young child depends (to, on) his mother.

14 It is being compared (with, to) my case.

15 The department consists (of, with) two teams.

---

tend to 경향이 있다   apply for 지원하다   carelessness 부주의함   hang out 어울리다. 시간을 보내다

다음 우리말에 알맞게 문장을 완성해 보자.

1 You must *think of* positive ideas.
너는 반드시 긍정적인 생각들을 떠올려야 한다.

2 Americans it.
미국인들은 그것에 대해 마음을 쓰지 않는다.

3 They climbing to the peak.
그들은 그 봉우리를 등반하는 데 성공했다.

4 His illness drinking too much.
과음이 그의 병의 원인이다.

5 My mother .
나의 어머니는 차보다 커피를 더 좋아하신다.

6 I would like to a driver's license.
나는 운전 면허증 신청을 원한다.

7 Mr. Lee the game.
Mr. Lee는 오로지 그 게임에만 집중했다.

8 It is critical to nobody.
아무에게도 의지하지 않는 것이 중요하다.

9 This novel five parts which are in different eras.
이 소설은 각기 다른 시대의 다섯 부분으로 구성되어 있다.

10 Sean the swimming club.
Sean은 그 수영 클럽에 속해있다.

peak 봉우리 solely 오로지 critical 중요한 era 시대

우리말에 알맞은 말을 빈칸에 써 넣어 보자.

1 Your son doesn't *take after* your husband at all.
너의 아들은 너의 남편을 전혀 닮지 않았다.

2 This grammar book seven chapters.
이 문법책은 7개의 장으로 구성되어 있다.

3 Do you the existence of U.F.Os?
당신은 U.F.O의 존재를 믿나요?

4 The bullies me.
못된 아이들이 나를 비웃었다.

5 He doesn't the lives of others.
그는 타인의 삶에 마음을 쓰지 않는다.

6 How can we it reality?
어떻게 우리가 그것을 현실과 비교할 수 있을까요?

7 Tom sometimes the sick.
Tom은 가끔 아픈 사람들을 돌본다.

8 Every crew their captain during the journey.
항해 중에 모든 선원은 그들의 선장에게 의지한다.

9 Jenny's health problem excessive dieting.
Jenny의 건강 문제는 과도한 다이어트가 원인이다.

10 James his mother in personality.
James는 성격이 그의 어머니와 비슷하다.

---

bully 괴롭히는 사람/못된 아이들   crew 선원   captain 선장   journey 여행   excessive 과도한   personality 성격

01 다음 빈칸에 들어갈 전치사로 옳은 것을 고르시오.

> I am totally _____ moving
> to downtown because it is more
> convenient.
> 나는 더 편리하기 때문에 시내로 이사 가는 것에 전적
> 으로 찬성해.

① by
② for
③ against
④ on
⑤ except

02 다음 빈칸에 들어갈 전치사를 올바르게 짝지은 것을
고르시오.

> - He promises to visit us _____
>   Christmas Eve.
> - I will be rich _____ the future.
> - They called my name _____
>   the same time.

① at - in - on
② at - on - in
③ on - in - on
④ on - in - at
⑤ on - at - in

03 다음 밑줄 친 문장을 전치사의 역할을 살려 우리말
로 옮겨 쓰시오.

> Even though she is in debt, <u>she
> still buys useless things by credit
> card</u>.

be in debt 빚을 지다　credit card 신용카드

→ _____

_____

04 다음의 전치사를 이용한 표현 중, 뜻이 올바르게 연
결되지 <u>않은</u> 것을 고르시오.

① believe in ~을 믿다
② depend on ~에 달려있다
③ think of ~을 생각하다
④ succeed in ~때문에 성공하다
⑤ result from ~가 원인이다

05 '전치사 + 명사'가 수식할 수 없는 <u>품사</u>를 고르시오.

① 명사수식
② 동사수식
③ 형용사 수식
④ 전치사 수식
⑤ 문장전체 수식

[06–08] 다음 대화를 읽고 물음에 답하시오.

Alice : Have you seen Neil today?
Mike : No, I haven't. But he has ⓐ to come tomorrow ⓑ to submit a report.
Alice : He is not answering the phone ⓒ from yesterday. I am worried _____ him. He is living alone.
Mike : You are right. You are really caring _____ him. I could wrap up this work ⓓ in 30 minutes. Let's go visit him together.
Alice : Good, I will wait for you ⓔ at the cafeteria.

06 ⓐ~ⓔ 중, 전치사로 쓰인 것이 아닌 두개는?

① ⓐ
② ⓑ
③ ⓒ
④ ⓓ
⑤ ⓔ

07 다음 빈칸에 들어갈 전치사로 올바르게 짝지어진 것을 고르시오.

① for - for
② for - about
③ about - about
④ about - after
⑤ of - after

08 다음 밑줄 친 부분이 수식하는 것을 찾아 쓰시오.

I had better ask her to translate this brochure in Chinese.

brochure (안내, 광고용)책자

→ _____

09 다음 주어진 우리말을 참고하여 밑줄 친 부분과 바꾸어 쓸 수 있는 것을 고르시오.

In spite of all their efforts, they finally failed in the business.
그들의 모든 노력에도 불구하고, 그들은 결국 그 사업에서 실패했다.

① For
② Against
③ Except
④ Despite
⑤ At

10 다음 중 전치사의 용법이 잘못 연결된 것을 고르시오.

① at + 특정한 시점
② on + 특정한 날의 때
③ on + 특정한 날
④ for + 가격
⑤ by + 가격

[11–13] 다음 빈칸에 들어갈 전치사를 골라 쓰시오.

to, for, with, on, of

11

He is jealous _____ Jim's soft voice which he wants to have.

그는 그가 가지고 싶어 한 부드러운 Jim의 목소리를 질투한다.

→ _____

12

If you are to use this poem, you must find whom it belongs _____ and obtain permission.

만일 당신이 이 시를 이용할 작정이라면, 당신은 이것이 누구에게 속해있는지 찾고, 허락을 얻어야만 합니다.

→ _____

13

How much do I pay _____?

얼마를 계산해야 하나요?

→ _____

14 다음 우리말을 영작한 문장에서 빠진 부분을 채우시오.

이 만성적인 문제들은 사회구조와 밀접하게 관련 있다.

chronic 만성적인   closely 밀접하게

→ These chronic problems _____ closely _____ _____ the social structure.

15 다음 문장을 우리말과 뜻이 통하도록 빈칸에 들어갈 말로 옳은 것은?

She might be _____ of handling this complicated situation.

그녀가 이 복잡한 상황을 처리할 수 있을지도 모른다.

① able
② capable
③ can
④ could
⑤ possible

[16–18] 다음 글을 읽고 답하시오.

> Mr. and Mrs. Smith have 3 children, one son and 2 daughters. Their daughters are fraternal twins. In other words, 그녀들은 쌍둥이임에도 불구하고 다르게 보인다. While Anna, who was born 2 minutes before Sara, takes ⓐ_____ her father, Sara is similar ⓑ_____ her mother more than her father. Moreover they have opposite personalities. However they have one thing in common. It is their voice.

fraternal twins 이란성 쌍둥이   in other word 다시 말해서

16 밑줄 친 우리말을 영작한 문장에서 빈칸에 들어갈 전치사를 쓰시오.

→ they look different _____ being twins.

17 ⓐ와 ⓑ에 들어갈 전치사로 올바르게 짝지어진 것을 고르시오.

① of - by
② of - to
③ to - after
④ after - by
⑤ after - to

18 글의 내용을 바탕으로 영작한 아래의 문장을 올바르게 우리말로 옮기시오.

> They seem not to have something in common but the voice.

have something in common 공통점이 있다

→ _____

_____

19 다음 중 밑줄 친 전치사와 같은 역할을 하는 것을 고르시오.

> She plucked her eyebrows <u>by</u> tweezers.

pluck (털을) 뽑다   tweezers 핀셋

① You can buy the soap by the gram.
② He was called by his teacher.
③ Rice is harvested by farmers.
④ They sell grains only by kilogram.
⑤ I press the button by a pen.

20 우리말 뜻에 맞도록 주어진 단어를 올바르게 배열하시오.

> 나는 푸른 꽃병에 담긴 꽃들보다 하얀 꽃병에 담긴 꽃들을 선호한다.

(prefer, flowers, vase, white, flowers, in, in, blue, I, to, vase, the, the)

→ _____

_____

01 다음 중 밑줄 친 전치사의 역할과 같은 역할을 하는 것을 고르시오.

> He can present his recent work <u>in</u> 10 minutes if you allow him to.

① You will receive a package <u>in</u> a month.
② She might explain to him <u>in</u> his language.
③ My car is <u>in</u> the garage.
④ He must give a presentation <u>in</u> French.
⑤ I can say goodbye <u>in</u> 3 languages.

02 다음 전치사를 이용한 표현들의 뜻이 통하도록 알맞은 전치사를 짝지은 것은?

> - be ashamed _____ ~을 부끄러워하다
> - be jealous _____ ~을 질투하다
> - consist _____ ~로 구성되다

① of - of - of
② of - with - with
③ of - with - of
④ with - with - with
⑤ with - of - of

03 다음 주어진 우리말과 뜻이 통하도록 빈칸에 들어갈 말을 쓰시오.

> Even though she has an alternative solution, I am still _____ her project.
> 그녀가 대안이 될 해결책이 있다고 해도, 나는 여전히 그녀의 프로젝트에 반대합니다.

→ _____

[04–05] 다음 주어진 우리말에 알맞은 것을 고르시오.

04
> We are planning to go on a vacation (at, on) the weekends.
> 우리는 주말에 휴가를 갈 계획 중입니다.

05
> We have to raise the Taegeukgi (the Korean flag) properly (at, on) national holidays.
> 우리는 국경일에 태극기를 올바르게 개양해야 합니다.

[06–08] 다음 문장을 우리말과 뜻이 통하도록 빈칸에 알맞은 전치사를 쓰시오.

06

I will send you a list of important events _____ email.
제가 중요한 행사 리스트를 이메일로 당신에게 보낼게요.

→ _____

07

Take all the furniture in my office _____ this black table.
이 검정 테이블을 제외하고 내 사무실에 있는 모든 가구를 가져가.

→ _____

08

This hotel was built _____ the 80's.
이 호텔은 80년대에 지어졌다.

→ _____

09 다음 밑줄 친 부분이 수식하는 것을 올바르게 짝지은 것을 고르시오.

ⓐ <u>In the cupboard</u>, she stored her favorite plates for Christmas.
ⓑ A man with a bouquet of flowers is standing <u>on the platform</u>.

platform (기차역의) 플랫폼

① ⓐ she
② ⓐ her favorite plates
③ ⓑ A man
④ ⓑ A man with a bouquet of flowers
⑤ ⓑ is standing

10 다음 중 전치사 for의 용법 중 다른 하나는?

① He made me buy this useless candlestick <u>for</u> 100,000 won.
② I have been worked here <u>for</u> 6 months.
③ She could have paid <u>for</u> a million to acquire this house.
④ Two cookies are available <u>for</u> 3 dollars.
⑤ Can I borrow that machine <u>for</u> 50 bucks per a day?

[11–13] 다음 대화를 읽고 물음에 답하시오.

Dan : Wow, you look ⓐlike a movie star today. What have you done?

Amy : I had my hair permed ⓑat a hair salon ⓒin front of the City hall.

Dan : <u>그 가게는 항상 사람들로 붐빈다.</u>

Amy : Because they succeed ⓓin attracting customers ⓔby giving a gift. I got this brush for free.

Dan : Then, I should go (ⓕ) this <u>moment</u>.

---

perm 파마하다

11 ⓐ~ⓔ 중 뜻이 잘못 연결 된 것을 고르시오.

① ⓐ ~를 좋아하는
② ⓑ ~에서(장소)
③ ⓒ ~의 앞에
④ ⓓ ~로
⑤ ⓔ ~로(수단)

12 밑줄 친 우리말을 옮긴 문장에서 빈칸에 들어갈 말을 쓰시오.

That shop _____ always _____ _____ people.

→ _____ , _____ , _____

13 ⓕ에 들어갈 전치사를 보기에서 고르고 밑줄 친 부분의 뜻의 우리말로 쓰시오.

at, in, on,

→ _____

14 다음 우리말을 영작한 문장에서 빈칸을 채우시오.

보조금을 신청하기 위해서 당신은 모든 조건들을 충족시켜야 합니다.

grant 보조금

→ You _____ to meet all the conditions to _____ _____ a grant.

15 다음 밑줄 친 우리말을 전치사를 사용하여 영작하시오.

<u>한 달 후에</u>, you should leave and empty all your stuff in this building since it is sold.

→ _____

[16–18] 다음 글을 읽고 답하시오.

My family members have motion sickness. When we travel all together by car, 우리는 서로를 돌볼 수 없다.
Let me describe that situation.
If we compare my father ⓐ_____ others, he doesn't feel it too much because he is driving. Driving, he should concentrate on what he is doing. That helps a lot.
My mom is so busy ⓑ_____ watching out of windows. My brother is just sleeping like a stone. What am I doing? That is my question.
If you have any solution, please share it with me. I am really ⓒ_____ of getting on any vehicles.

motion sickness 멀미   describe 묘사하다   vehicle 탈 것

16 밑줄 친 우리말을 영어로 옮긴 문장이다. 빠진 전치사를 알맞은 자리에 넣어 문장을 다시 쓰시오.

we can not look each other.

→ _____

_____

17 ⓐ~ⓑ에 공통적으로 들어갈 수 있는 전치사를 쓰시오.

→ _____

18 문맥과 어울리게 ⓒ에 들어갈 수 있는 것을 고르시오.

① ashamed
② capable
③ jealous
④ scared
⑤ thinking

19 다음 빈칸에 쓸 수 있는 전치사를 괄호 안의 용법을 참고하여 쓰시오.

ⓐ _____ present 현재에
ⓑ _____ the past 과거에

→ ⓐ _____

→ ⓑ _____

20 다음 빈칸에 들어갈 알맞은 것을 고르시오.

She reminds me of the moment when we walked along the river _____.
그녀는 나에게 우리가 화창한 날 강을 따라 걸었던 순간을 상기시킨다.

remind 상기시키다

① at a sunny day
② in a sunny day
③ on a sunny day
④ by a sunny day
⑤ a sunny day

Chapter 7

특수 구문

Unit 1 강조
Unit 2 도치
Unit 3 생략

UNIT 1 강조

강조란 문장 안에서 특정 단어 또는 어구를 강하게 표현하기 위해서 문장에 추가나 변형을 하는 것을 말한다.

1 동사의 강조

동사 앞에 **do**를 붙여주고 우리말로는 '정말 ~하다'로 해석합니다.

ex. I have the pen.
〈have 강조〉I **do have** the pen. 나는 그 펜을 정말 가지고 있다.

ex. She likes to swim.
〈like 강조〉She **does like** to swim. 그녀는 수영을 정말 좋아한다.

ex. He cleaned his room.
〈cleaned 강조〉He **did clean** his room. 그는 그의 방을 정말 청소했다.

2 명사의 강조

명사 앞에 **the very**를 붙여주고 우리말로는 '바로 ~'로 해석한다.

ex. Jane is **the very** girl that I have wanted to date.
Jane은 내가 데이트하고 싶었던 바로 그 소녀이다.

3 'It is~ that ...' 강조 구문

> 🔲 It be동사 ~ that ... : ...한 것은 바로 ~ 이다.

강조하고자 하는 단어 또는 구를 **It is** 와 **that** 사이에 넣고, 나머지는 모두 **that**절로 보낸다.

ex. My uncle plays soccer in the morning. 나의 삼촌은 아침에 축구를 한다.
〈my uncle 강조〉**It is** my uncle **that(who)** plays soccer in the morning.
아침에 축구를 하는 사람은 바로 나의 삼촌이다.

〈soccer 강조〉**It is** soccer **that(which)** my uncle plays in the morning.
나의 삼촌이 아침에 하는 것은 바로 축구이다.

〈in the morning 강조〉**It is** in the morning **that(when)** my uncle plays soccer.
나의 삼촌이 축구를 하는 때는 바로 아침이다.

Tip! 강조하는 어구가 사람이면 who(m), 장소이면 where, 때이면 when 으로 바꾸어 쓸 수 있다.
ex. It is in the morning that(= when) he plays soccer.

다음 문장을 우리말로 옮겨 보자.

1 He did see the celebrity.

그는 　　　　　그 연예인을 정말로 보았다　　　　　.

2 This is the very book that I have waited for since 2016.

이것이 　　　　　　　　　　　　　　　　　　　.

3 She did make you pizza.

그녀는 너에게 피자를 　　　　　　　　　　　.

4 It is the very ring that we are looking for as a wedding ring.

우리가 　　　　　　　　　　　　　　　　　　.

5 She does love you.

그녀는 너를 　　　　　　　　　　　　　　　.

6 I am the very woman who you need to depend on.

나는 　　　　　　　　　　　　　　　　　　.

7 The ramen does taste good.

라면은 　　　　　　　　　　　　　　　　　.

8 I do cook it for you.

나는 　　　　　　　　　　　　　　　　　　.

9 Jane was the very secretary who my boss looked for.

제인은 　　　　　　　　　　　　　　　　　.

10 Bob is the very man who loves animals.

Bob은 　　　　　　　　　　　　　　　　　.

secretary 비서

다음 문장을 밑줄 친 부분을 do을 이용하여 강조 문장을 만든 것이다. 알맞은 것을 골라 보자.

1 He likes to swim in the pool in summer.

→ He (do, does, did) like to swim in the pool in summer.

2 She enjoys her life as a teacher.

→ She (do, does, did) enjoy her life as a teacher.

3 I wrote a letter.

→ I (do, does, did) write a letter.

4 James bought a bunch of flowers for me.

→ James (do, does, did) buy a bunch of flowers for me.

5 The movie impressed them.

→ The movie (do, does, did) impress them.

다음 문장을 밑줄 친 부분을 do을 이용하여 강조 문장으로 만들어 보자.

1 Your face <u>expressed</u> how sad you were.

→ Your face _____ how sad you were.

2 Jessy <u>states</u> her own opinion frankly.

→ Jessy _____ her own opinion frankly.

3 Sean <u>betrayed</u> his friend who helped him run away.

→ Sean _____ his friend who helped him run away.

4 You <u>acknowledge</u> your faults.

→ You _____ your faults.

5 A tree <u>absorbs</u> noise pollution.

→ A tree _____ noise pollution.

state 말하다/진술하다   acknowledge 인정하다   absorb 흡수하다   noise pollution 소음 공해

다음 밑줄 친 부분을 'It be동사 ~ that ...'을 이용하여 강조하는 문장을 만들어 보자.

1 <u>She</u> read 1000 books this year.

→ *It was she that read 1000 books this year* .

She read <u>1000 books</u> this year.

→ _____ .

She read 1000 books <u>this year</u>.

→ _____ .

2 I am satisfied with <u>the consequences</u> in the movie.

→ _____ .

<u>I</u> am satisfied with the consequences in the movie.

→ _____ .

I am satisfied with the consequences <u>in the movie</u>.

→ _____ .

3 <u>We</u> argued about mercy killings with doctors.

→ _____ .

We argued about mercy killings <u>with doctors</u>.

→ _____ .

We argued <u>about mercy killings</u> with doctors.

→ _____ .

consequence 결과   mercy killing 안락사   argue 논쟁하다

UNIT 2

도치

보통 영어 문장의 어순은 '주어+동사'이지만, 관용적 또는 문장의 특정한 부분을 강조하기 위해서 이 순서를 바꾸어 '동사+주어'가 되는 경우가 있다. 이를 도치라고 한다.

1 장소(부사구)의 도치

문장의 장소를 나타내는 부사구를 강조 하는 경우 도치한다.

장소(부사구) + 동사 + 주어

ex. **In Las Vegas could we enjoy our vacation.**
　　　장소(부사구)　　　동사　주어

2 Here/There의 도치

문장의 장소를 나타내는 부사를 강조 하는 경우 도치한다.

Here/There + 동사 + 주어

ex. **Here are some examples for you.** 너를 위한 몇 가지 샘플이 여기 있다.
　　　　　동사　　　　　주어

단, 주어가 대명사일 경우 도치하지 않는다.

ex. **Here he comes.** 여기 그가 온다.
　　　주어(대명사)　동사

3 부정어의 도치

never, hardly, rarely, scarcely.... 등의 부정어를 강조하는 경우 도치한다.

never, hardly, rarely, little, scarcely + 조동사 + 주어 + 동사

ex. **Never can I tell her the truth.**
　　　부정어　동사 주어

부정어를 앞으로 보내고 부정어를 뺀 나머지 문장의 의문문을 붙이면 된다.

ex. **She hardly practices the piano.** 그녀는 거의 피아노 연습을 하지 않는다.
→ **Hardly + does she practice the piano.**
　　　부정어　　　　　　의문문

4 so/neither의 도치

긍정문. So + 동사+주어	~도 그렇다
부정문. Neither + 동사+주어	~도 아니다

ex. A : I'm interested in music.　　　B : **So am I.** 나도 그래.
　　　A : I don't like jazz.　　　　　 B : **Neither do I.** 나도 아니야.

A 기초 TEST

정답 및 해설 p.23

다음 문장을 부사구 강조 구문으로 바꿔 써 보자.

1 A big mouse is in my house.

→ *In my house is a big mouse* .

2 A ring is in the box.

→ .

3 Flowers are on the table.

→ .

4 Shrimps are in the tank.

→ .

5 The vacuum is in the garage.

→ .

다음 중 알맞은 것을 골라 보자.

1 There (your son is, is your son).

2 Here (she is, is she).

3 Here (the police office is, is the police office).

4 There (they are, are they)

5 Here (many stories are, are many stories).

6 There (the boys come, come the boys).

7 Here (I am, am I).

8 There (the copy of the book is, is the copy of the book).

---

shrimp 새우   vacuum 진공청소기

다음 주어진 문장을 밑줄 친 부분을 강조하는 문장으로 만들어 보자.

1 She read 1000 books in this year.
→ She (do, does, did) read 1000 books in this year.

2 The consequences in the movie satisfied me.
→ The consequences in the movie (do, does, did) satisfy me.

3 My memory isn't good, but I remember what he said.
→ My memory isn't good, but I (do, does, did) remember what he said.

4 Sean irritates Karen by talking rudely to her these days.
→ Sean (do, does, did) irritate Karen by talking rudely to her these days.

5 He yielded me.
→ He (do, does, did) yield me.

6 Their children perform well in the competition.
→ Their children (do, does, did) perform well in the competition.

7 Karen revealed her boyfriend's secret to Jake.
→ Karen (do, does, did) reveal her boy friend's secret to Jake.

8 A brave child rescued the dog from the middle of the road.
→ A brave child (do, does, did) rescue the dog from the middle of the road.

9 His characteristic tempted me at that time.
→ His characteristic (do, does, did) tempt me at that time.

10 My stubbornness makes her disappointed at me.
→ My stubbornness (do, does, did) make her disappointed at me.

---

consequence 결과　　irritate 짜증나게하다　　yield 양보하다　　reveal 드러내다
characteristic 특징　tempt 유혹하다　　stubbornness 고집

정답 및 해설 p.24

다음 주어진 부정어를 강조하는 문장으로 바꾼 것이다. 알맞은 것을 골라 보자.

1 We rarely complete the process.
→ Rarely (do) does, did) we (complete) completes) the process.

2 Our home-room teacher hardly compliments us.
→ Hardly (do, does, did) our home-room teacher (compliment, compliments) us.

3 The clown scarcely amused the students with jokes.
→ Scarcely (do, does, did) the clown (amuse, amused) the students with jokes.

4 We can never approve of your proposal.
→ Never (do, can, could) we (approve, approves) of your proposal.

5 The young man never applied for the job.
→ Never (do, does, did) the young man (applied, apply) for the job.

6 They can hardly interfere with us.
→ Hardly (can, could) they (interfere, interferes) with us.

7 You could scarcely deceive me with those tricks.
→ Scarcely (do, can, could) you (deceived, deceive) me with those tricks.

8 You will rarely perceive what you will see.
→ Rarely (do, will, would) you (perceive, perceives) what you will see.

9 People hardly inhabit on the island.
→ Hardly (do, does, did) people (inhabits, inhabit) on the island.

10 The company hardly advertised our product.
→ Hardly (do, does, did) the company (advertise, advertised) our product.

process 과정 compliment 칭찬하다 amuse 즐겁게 하다 approve 승인하다 proposal 제안 interfere 방해하다
deceive 속이다 trick 속이다 perceive 인지하다 inhabit 거주하다 company 회사 advertise 광고하다 product 물건

다음 주어진 단어를 이용하여 우리말을 부정어를 강조하는 영어로 바꿔 보자.

1 우리는 Susan을 거의 만나지 않는다. (hardly, meet)

→ *Hardly do we meet Susan* .

2 학생들은 거의 불평하지 않는다. (rarely, complain)

→ .

3 그녀는 자신의 장난감을 거의 소중히 여기지 않았다. (scarcely, cherish)

→ .

4 그것은 결코 쪼개어지지 않았다. (never, split)

→ .

5 그들은 거의 찬성할 수 없다. (hardly, consent)

→ .

6 그는 그것을 거의 금지 하지 않았다. (scarcely, forbid)

→ .

7 그것은 결코 줄어들지 않는다. (never, diminish)

→ .

8 너는 나를 거의 당황 시키지 않았다. (hardly, embarrass)

→ .

9 그는 결코 그녀를 용서하지 않을 것이다. (never, forgive)

→ .

10 그는 거의 놀라지 않았다. (rarely, startle)

→ .

---

split 쪼개다　**consent** 동의하다　**forbid** 금지하다　**diminish** 감소하다　**embarrass** 당황시키다　**startle** (깜짝)놀라게하다

다음 중 알맞은 것을 골라보자.

1 A : I didn't forget Jane.   B: (So, Neither)(do, does, did) I.

2 A: She makes you sad.   B: (So, Neither)(do, does, did) Tom.

3 A: Tom read the book.   B: (So, Neither)(do, does, did) he.

4 A: She doesn't like you.   B: (So, Neither)(do, does, did) Kate.

5 A: He is not tall.   B: (So, Neither)(am, are, is) his brother.

6 A: Jim is not a liar.   B: (So, Neither)(am, are, is) she.

7 A: I was happy then.   B: (So, Neither)(am, were, did) they.

8 A: He was not that kind of a person.   B: (So, Neither)(was, were, did) she.

9 A: I don't understand him.   B: (So, Neither)(do, does, did) I.

10 A: They were taught English by Mr. Kim.   B: (So, Neither)(do, are, were) we.

다음 주어진 주어와 **so** 또는 **neither**를 이용하여 알맞게 문장을 완성해 보자.

1 A: He was absent from the meeting.   B: _____ . (she)

2 A: I am disappointed at you.   B: _____ . (he)

3 A: I don't enjoy singing a song alone.   B: _____ . (she)

4 A: This can be used to erase it.   B: _____ . (that)

5 A: I don't feel like studying now.   B: _____ . (I)

UNIT 3 생략

아래와 같은 경우 생략이 가능하다.

● 반복되는 어구

ex. Some people want to stop smoking. but others don't ~~want to stop smoking~~.
어떤 사람들은 흡연을 그만두길 원하고 다른 사람들은 그렇지 않다.

● 감탄문에서 '주어+ be 동사'

ex. What a great dinner ~~it is~~! 멋진 저녁식사야!
How amazing ~~she is~~! 너무 놀라워!
(* 앞의 내용으로 대상이 확실할 때 생략 가능)

● 명사절을 이끄는 접속사 that

ex. I believe ~~that~~ she didn't try to help you.
나는 그녀가 너를 도와주려 노력하지 않았다고 믿는다.

● '주격관계대명사+ be동사'

ex. The bird which is sitting on a branch is yellow.
= The bird sitting on a branch is yellow.
나뭇가지에 앉아 있는 새가 노란색이다.

● 목적격관계대명사

ex. I love our dog ~~which~~ I have raised for 14 years.
나는 내가 14년 동안 길러온 우리 개를 사랑한다.

● 대부정사는 생략

ex. I can't exercise as often as I want to ~~exercise~~.
나는 원하는 만큼 자주 운동할 수 없다.

다음 주어진 문장에서 생략할 수 있는 부분에 —— 표시를 하시오.

1 What a neat hotel room ~~this is!~~

2 The boys who are on the stage are awesome!

3 This is the car that I was given by my elder brother.

4 She is the girl who is looking for her true love.

5 Jenny thought that her boyfriend was a softspoken person.

6 I can't practice it as much as I want to practice it.

7 What you want to do is what I want to do.

8 How cool this is!

9 I want to read a book which is written in Chinese.

10 Look at the dog. How small it is!

11 I can read a book written in English and a book written in Spanish.

12 I can learn to speak in public as well as Judy can be expected to speak.

13 I am watching a TV show which I have waited for since last Monday.

14 I don't know how to tie a ribbon or how to draw it.

15 The man that he had met disappeared all of a sudden.

awesome 멋진   all of a sudden 갑자기

다음 주어진 문장에서 생략할 수 있는 부분에 —— 표시를 하시오.

1 I love to play baseball and ~~love to play~~ tennis.

2 I ask you to hand in your report soon, but you don't want to hand in your report.

3 How beautiful this is!

4 I want to eat some food which is on the desk.

5 Bella sent a letter to Judy whom she met at the meeting.

6 I believed that my mother couldn't make a cake.

7 My father wants to see me marry him, but my sister doesn't want to see that.

8 A cup which is placed on the sofa is yours.

9 I thought that you were different.

10 I bought a bag which Susan wanted to buy the other day.

11 Here are some trees that we planted last year.

12 What an impressive picture it is!

13 I have a car which is painted blue.

14 The way to see a person act and to see a person think is a useful way to judge them.

15 The subject that he should study today is math.

judge 판단하다

01 다음 중 생략 가능한 부분을 고르시오.

> ⓐ<u>What</u> a great speech ⓑ<u>it is</u>!
> I have never heard ⓒ<u>something</u>
> like ⓓ<u>this</u>. If you do not mind
> replaying it, I want to ⓔ<u>watch it
> again</u>.

① ⓐ
② ⓑ
③ ⓒ
④ ⓓ
⑤ ⓔ

02 다음 주어진 단어들을 우리말에 맞게 배열 하세요.

> 그는 그의 학생들에게 거의 부정적인 논평을 하지
> 않는다.
> (give, he, comment, to, does,
> students, his, Hardly, a, negative,
> give)

→ _____

_____

[03–05] 다음 밑줄 친 부분을 강조하여 문장을 다시 쓰시오.

03

> Are you sure that she <u>left</u> this
> envelop on the table?

→ Are you sure that _____

_____

on the table?

04

> This is <u>the job</u> he has looked for
> during last one year.

→ _____

_____

during last one year.

05

> I <u>love</u> you forever however hard
> the life is.

→ _____

however hard the life is.

06 다음 대화에서 밑줄 친 우리말에 맞는 것을 고르시오.

> A : He never allows me to eat
>   something between meals.
> B : 그녀도 마찬가지야.

→ (So, Neither) does she.

07 다음 중 어법상 어색한 문장을 고르시오.

① What a lovely weather!
② Rarely does he call me.
③ You do waste your money.
④ There are we.
⑤ He did reveal all her secret.

08 주어진 두 문장이 같은 뜻이 되도록 빈칸에 알맞게 써 넣으시오.

> He rarely did his best to complete
> all required courses.
> = Rarely _____
> to complete all required courses.

→ _____

09 다음 문장에서 밑줄 친 부분을 'It ~ that ~' 을 사용하여 강조하는 것으로 바꾼 것이다.
빈칸에 알맞게 써 넣으시오.

> The former professor asked you to
> join his new project.

→ _____

  asked you to join his new project.

10 위의 문장의 답에서 that과 바꾸어 쓸 수 있는 것을 고르시오.

① which
② who
③ what
④ when
⑤ where

11 다음 문장에서 강조하기 위해 도치하는 경우에 해당하는 것을 모두 고르시오.

① 명사의 강조
② 장소(부사구)의 강조
③ 부정어의 강조
④ 동사의 강조
⑤ 목적어의 강조

[12–14] 다음 글을 읽고 물음에 답하시오.

How do you release your stress? Some psychotherapists ⓐ <u>do</u> recommend listening to music at any place where you feel comfortable. Hardly ⓑ <u>do</u> I get stressed. But I totally agree with them. In my case, listening to classical music on my cozy couch is ⓒ <u>the</u> best way for me. Most of all, we should not be stressed out. There is some advice ⓓ <u>which</u> works effectively. Whether you need this or you don't ⓔ <u>need it</u>, I hope ⓕ <u>that</u> it helps you.

psychotherapist 심리요법의사   cozy 편안한

12 밑줄 친 ⓐ와 ⓑ가 무엇을 강조하기 위해 사용되었는지 쓰시오.

→ ⓐ _____

→ ⓑ _____

13 ⓒ~ⓕ 중 생략 가능한 것으로 짝지어 진 것을 고르시오.

① ⓒ, ⓓ
② ⓒ, ⓔ
③ ⓒ, ⓕ
④ ⓓ, ⓕ
⑤ ⓔ, ⓕ

14 글을 참고하여, 주어진 우리말을 지시에 따라 올바르게 영작하시오.

나의 아늑한 의자에서 나는 편안함을 느낄수 있다.

(도치를 사용하는 문장)

→ _____

_____

15 다음 문장에서 밑줄 친 부분을 강조하는 문장으로 알맞은 것을 고르시오.

We bumped into Mr. Brewster <u>in the flight</u> on the way home.

bump into (우연히) 마주치다

① It is in the flight when we bumped into Mr. Brewster on the way home.
② It is in the flight where bumped we into Mr. Brewster on the way home.
③ In the flight bumped we into Mr. Brewster on the way home.
④ In the flight bumped into Mr. Brewster we on the way home.
⑤ In the flight we bumped into Mr. Brewster on the way home.

[16-19] 다음 대화문을 읽고 물음에 답하시오.

Rosa : Where shall we go for lunch?
Mike : As you wish, I am not picky.
Rosa : Um.. Let's go to the Japanese restaurant. I love sushi.
Mike : ⓐ <u>I never eat something uncooked</u>.
Rosa : How about Chinese food. I love it so much.
Mike : It is too greasy.
Rosa : Oh! ⓑ <u>Here a new restaurant is</u>. They offer a buffet lunch.
Mike : ⓒ <u>나는 그런 종류의 식당을 별로 즐기지 않아.</u> They have too many choices.
Rosa : You are a very difficult person to have a meal with. I think you are so picky.
Mike : ⓓ _____ are you.

picky 까다로운 sushi 초밥 uncooked 익히지 않은 greasy 기름을 많이 쓴

16 밑줄 친 ⓐ문장을 동사 eat을 강조하는 문장으로 바꾸시오.

→ _____

_____

17 밑줄 친 ⓑ문장에서 어법상 <u>어색한</u> 부분을 고쳐 쓰시오.

→ _____

18 괄호 안의 단어들을 ⓒ의 우리말에 맞도록 올바르게 배열하시오.

(do, enjoy, kind, Little, I, restaurant, that, of)

→ _____

_____

19 ⓓ에서 괄호 안에 알맞은 말을 써 넣으시오.

→ _____ .

20 다음 빈칸에 공통으로 들어갈 수 <u>없는</u> 것을 고르시오.

_____ can she hang out with them after the serious debate.
= She can _____ hang out with them after the serious debate.

hang out 많은 시간을 보내다

① scarcely
② rarely
③ hardly
④ merrily
⑤ never

[01–02] 다음 밑줄 친 부분을 강조하여 문장을 다시 쓰시오.

01

> The president <u>never</u> reversed a decision during his first term.
>
> 대통령은 그의 첫 번째 임기동안 절대 결정을 번복하지 않았다.

reverse 번복하다   term 임기

→ _____

_____

during his first term.

02

> She has been grown up <u>on the ranch</u> with her cousins.
>
> 그녀는 그녀의 사촌들과 목장에서 자랐다.

ranch 목장

→ _____

_____

[03–05] 다음 대화문을 읽고 물음에 답하시오.

> *Cindy* : Have you finished reading the original book in English? There are a few pages ⓐ <u>which are</u> left.
> *John* : I just did. I consulted a dictionary as a reference. I could not clearly understand some words.
> *Cindy* : _____ . May I use your dictionary?
> *John* : Sure, you can use it if you want to ⓑ <u>take it</u> as a reference. Here you are.
> *Cindy* : How sweet ⓒ <u>you are</u>! I think ⓓ <u>that</u> it will be very helpful.
> *John* : I should take it back tomorrow.
> *Cindy* : No problem. I will be done by then.

original book 원서   reference 참고

03 ⓐ~ⓓ 중 생략할 수 <u>없는</u> 것은?

→ _____

04 빈칸에 들어갈 대답으로 옳은 것은?

① So do I.   ② So did I.
③ Neither do I.   ④ Neither could I.
⑤ Neither I understand.

05 다음 대화문의 내용으로 옳지 <u>않은</u> 것은?

① 원서에 명확하지 않은 단어들이 있다.
② Cindy에게는 몇 페이지만 남았다.
③ John은 사전을 사용하지 않았다.
④ John은 내일 사전을 받아야한다.
⑤ Cindy는 내일까지 읽기를 끝낼 것이다.

[06–07] 다음 대화에서 올바른 대답이 되도록 알맞은 것을 고르시오.

06

> A : He never allows me to eat something between meals.
> B : 그녀도 아니야.

→ (So, Neither) (is, does) she.

07

> A : Don't yell at me! You are the worst person I have ever met.
> B : 너도 그래.

→ (So, Neither) (are, do) you.

08 다음 중 어법상 어색한 부분을 찾아 고쳐 쓰시오.

> I remember she likes to sing 'Here your man comes' in public.

→ _____

09 다음 문장에 대한 설명으로 틀린 것을 고르시오.

> I saw ⓐthat she had ⓑthe very book ⓒwhich I ⓓdid want to borrow but I failed to ⓔborrow.

① ⓐ – 생략 가능
② ⓑ – 명사 book을 강조
③ ⓒ – 생략 가능
④ ⓓ – 동사 borrow를 강조
⑤ ⓔ – 생략 가능

10 다음 밑줄 친 부분을 생략할 수 <u>없는</u> 문장을 고르시오.

① He blamed you but I didn't <u>blame you</u>.
② There is a table <u>which is</u> covered with dust.
③ What a brilliant idea <u>it is</u>!
④ I truly respect my teacher <u>who</u> teaches History.
⑤ How outstanding <u>his painting is</u>!

[11–13] 다음 글을 읽고 물음에 답하시오.

Harry, my son, has been addicted to video games. Even having a bunch of things to do, he spends playing games. ⓐMy husband is against games but I am not. I guess that it has pros and cons. However there are only bad things for him. He is only playing games all day in his room. ⓑHe hardly talks to us. ⓒI do want to support the very son who doesn't enjoy spending time with his family.

pros and cons 장단점

11 밑줄 친 ⓐ문장에서 생략된 부분을 넣어 다시 쓰시오.

→ _____

12 ⓑ문장에서 hardly를 강조한 문장이 되도록 아래 빈칸을 채우시오.

→ Hardly _____
  to us.

13 ⓒ문장에서 강조하고 있는 부분 두 개를 쓰시오.

→ _____

14 다음 문장에서 생략 가능한 부분을 고르시오.

As he asked her ⓐto bring the hammer ⓑwhich is in her tool box, she ⓒneeds to head for the room ⓓwhere she put ⓔher tool box.
그가 그녀에게 공구상자에 있는 망치를 가져오라고 부탁했기 때문에, 그녀는 그녀가 그녀의 공구상자를 둔 방으로 출발해야 할 필요가 있다.

① ⓐ
② ⓑ
③ ⓒ
④ ⓓ
⑤ ⓔ

15 다음 문장의 빈칸에 들어갈 수 있는 것 두 개를 쓰시오.

It was at dawn _____ we heard a loud noise from next door.
우리가 옆집으로부터 커다란 소음을 들었던 건 바로 새벽녘이었다.

→ _____

16　다음 중 강조를 위한 도치가 <u>아닌</u> 것을 고르시오.

① At the station are they standing.
② Rarely can she earn money.
③ Hardly were you at home.
④ Can I use this pen?
⑤ Scarcely does she weep.

17　다음 우리말과 뜻이 통하도록 주어진 단어를 강조하여 영작하시오.

> 그는 그의 아버지를 정말 설득했다.

(persuade)

→ _____

18　주어진 두 문장이 같은 뜻이 되도록 빈칸에 알맞은 두 단어를 쓰시오.

> It is the book that my professor published last summer.
> = My professor published _____ _____ book last summer.

→ _____

19　다음 문장에서 밑줄 친 부분의 의미를 살려 우리말로 옮기시오.

> Eventually, I ordered <u>the very pants</u> I was looking for.

→ _____

_____

20　다음 중 어법상 <u>어색한</u> 문장을 고르시오.

① In the taxi was she with him.
② Little does she expect to be called.
③ He likes me and so I do.
④ Never can you persuade her.
⑤ There you go.

종합문제

[01-02] 다음 빈칸에 들어갈 알맞은 말을 아래에서 골라 쓰시오.

high, highly, close, closely

01

Demand for this product is very
_____ at the moment.
지금 이 제품에 대한 수요가 매우 높습니다.

→ _____

02

She always asks me to shave
_____ so that I may
make a good impression.
그녀는 언제나 나에게 좋은 인상을 가질 수 있도록 수염
을 바싹 깎으라고 한다.

→ _____

[03-05] 다음 대화를 읽고 물음에 답하시오.

Andy : Are you ready for tomorrow? It is
your first day at work.
Sue : I am so excited. ⓐ_____ I do
there will be unforgettable.
Andy : How do you go to work? I can give
you a ride.
Sue : It would be very nice of you. It is
quite difficult to get there ⓑ_____
bus. I have to transfer more than
now.
I heard that there is a shuttle bus for
employees but I do not know yet.

unforgettable 잊을 수 없는 transfer 환승하다

03 ⓐ에 들어갈 단어를 아래 우리말을 참고하여 쓰시오.

내가 그곳에서 하는 것은 무엇이든지 잊을 수
없을 겁니다.

→ _____

04 ⓑ에 들어갈 전치사를 쓰시오.

→ _____

05 밑줄 친 문장을 참고하여 아래의 우리말을 영작하시오.

나는 지금보다 세 배나 더 많이 환승해야 한다.

→ _____

_____

06 다음 밑줄 친 부분을 바꾸어 문장을 지시대로 쓰시오.

> <u>Everyone</u> wants to be in charge of walking him home on Tuesdays.

on Tuesdays (매주)화요일에

(전체부정)

→ _____

_____

_____

07 다음 빈칸에 공통으로 들어갈 수 있는 전치사를 쓰시오.

> - concentrate _____ ~에 집중하다
> - _____ her wedding day
> - A dog _____ the beach

→ _____

08 다음 빈칸에 어법상 올바른 것을 고르시오.

> We should squeeze oranges as we have (only a few, only a little) juice left for the guests.

squeeze (액체를) 짜내다

09 다음 중 밑줄 친 부분을 강조하는 구문이 <u>아닌</u> 것을 고르시오.

① It is <u>her mother</u> that she is looking for.
② It is <u>certain</u> that you are hiding something about him.
③ It is <u>at the square</u> that we are supposed to meet Amy.
④ It is <u>you</u> that were responsible for arranging all the events.
⑤ It was <u>this afternoon</u> that I headed for the court.

10 다음 주어진 두 문장이 같은 뜻이 되도록 빈칸에 복합 관계대명사를 쓰시오.

> Anyone who sees him first, let him know that I am waiting for his call.
> = _____ sees him first, let him know that I am waiting for his call.

→ _____

11 주어진 우리말을 참고하여 빈칸에 들어갈 동사를 알맞은 형태로 쓰시오.

> If it had not been for a duplicate invoice, he (be) _____ responsible for all the losses.
> 청구서 사본이 없었다면 그는 모든 손실을 책임졌을 텐데.

→ (be) _____

12 다음 문장에서 밑줄 친 부분을 강조하시오.

> He was in a line to buy <u>a ticket</u> that he was waiting for.

→ He was in a line to buy _____
_____

13 다음 가정법을 직설법으로 바꾸시오.

> If it had been possible to have 2 consecutive weeks for a vacation, I would be in Europe.

→ _____
_____
_____

14 다음 중 두 문장에 공통으로 들어갈 수 있는 단어를 고르시오.

- His new released song will be _____ famous than the last one.
- I could have gotten _____ candies on Halloween.

① more
② most
③ as
④ better
⑤ fewer

15 다음 빈칸에 주어진 동사의 알맞은 현재시제를 쓰시오.

The unemployed (desire) _____ to be hired.

→ _____

[16–18] 다음 글을 읽고 물음에 답하시오.

As a curator, I am working with various artists. Most of all, I enjoy collaborating with painters of oriental paintings. ⓐTheir artworks are inspiring. It is related ⓑ_____ the beauty of space. ⓒWhenever I appreciate the paintings, I spend much time staring at them. I hope that you also get to know the joy of appreciating.

oriental 동양의   beauty of space 여백의 미   appreciate 감상하다

16 밑줄 친 ⓐ를 아래의 우리말을 사용하여 비교급으로 바꾸어 쓰시오.

그들의 작품은 다른 그림들 보다 더 영감을 준다.

→ _____
  _____

17 ⓑ에 알맞은 전치사를 쓰시오.

→ _____

18 ⓒ와 바꾸어 쓸 수 있는 표현을 쓰시오.

→ _____

19 다음 밑줄 친 부분을 생략할 수 없는 문장을 고르시오.

① You must <u>go to my boss</u> if you need to call for help from me.
② How soft <u>this cotton is</u>!
③ They really enjoy a card game but she does not <u>enjoy it</u>.
④ What a beautiful day <u>it is</u>!
⑤ He bought a pen <u>which is</u> expensive.

20 다음 문장에서 <u>어색한</u> 부분을 찾아 고치시오.

Rarely does it consists of less than five acts.

_____ → _____

21 다음 밑줄 친 단어의 품사를 쓰시오.

As you arrived as <u>late</u> as Bill, both of you are in charge of cleaning today.

→ _____

22 다음 밑줄 친 부분을 우리말로 올바르게 쓰시오.

Even if you do not trust me, <u>I do feel sorry for you.</u>

→ 네가 나를 믿지 않을지라도,

_____

23 다음 주어진 우리말과 뜻이 통하는 것을 고르시오.

If the TV (was not, had not been) broken, we could (watch, have watched) the football finals at home.
만일 TV가 고장 나지 않았었다면, 우리는 축구 결승전을 집에서 볼 수 있었을 텐데.

24 다음 주어진 단어들을 가목적어를 이용하여 우리말에 맞도록 배열하시오.

> 그녀는 자격증이 있는 후보들에게 가산점을 주는 것을 공정하다고 간주한다.

(considers, it, with, candidates, She, additional, to, fair, give, to, points, certifications)

→ _____

_____

_____

25 다음 빈칸에 공통으로 들어 갈 수 있는 것을 고르시오.

> - His snowman is twice _____ big as yours this winter.
> - The wine of this year is not _____ tasty as the one of last year.

① as
② than
③ like
④ much
⑤ so

01 다음 주어진 두 문장이 같은 뜻이 되도록 빈칸에 알맞은 것을 쓰시오.

> There was nothing more famous than his name in the 80's.
> = His name was the
> _____ in the 80's

→ _____

02 다음 중 문장의 의미상 어색한 것을 고르시오.

> ⓐ None of the workers ⓑ in our section ⓒ is not accustomed ⓓ to this ⓔ specialized task.
> 우리 부서의 노동자들 중에 아무도 이 전문적인 일에 익숙하지 않다.

① ⓐ
② ⓑ
③ ⓒ
④ ⓓ
⑤ ⓔ

03 다음 빈칸에 들어갈 알맞은 전치사를 쓰시오.

> There was no suffrage for women
> _____ the past.

suffrage 참정권

→ _____

04 다음 중 전체부정이라고 볼 수 없는 것을 고르시오.

① She chose neither way.
② You will never meet his needs.
③ Nothing is changed in this schedule.
④ Her fashion is not always marvelous.
⑤ There is nothing better than yours.

05 빈칸에 들어갈 말을 우리말과 뜻이 통하도록 주어진 단어를 사용하여 영작하시오.

> 저 아령이 네가 들고 있는 것보다 10kg은 더 무거울 것이다.

dumbbell 아령

(dumbbell, hold, what, might, heavier)

→ _____

_____

_____

06 주어진 우리말에 맞도록 빈칸에 들어갈 **부정어**를 쓰시오.

> 학생들이 제출한 이 보고서들 중 아무것도 그의 기준을 충족시키지 못한다.

→ _____ of these reports submitted from students meet his criteria.

07 다음 두 문장에 들어갈 단어를 알맞게 짝지은 것을 고르시오.

> - This brand new car is
>   _____ recommended by
>   our technicians.
> - I _____ caught a
>   balloon but I missed it anyway.

brand new 신형의

① high - near
② high - nearly
③ highly - near
④ highly - nearly
⑤ near - highly

08 다음 문장에서 'It be동사 ~ that' 구문을 사용하여 강조할 수 <u>없는</u> 것은?

> ⓐ <u>She</u> ⓑ <u>gave</u> ⓒ <u>you</u> ⓓ <u>her first book</u>
> ⓔ <u>at the conference</u>.
> 학회에서 그녀는 너에게 그녀의 첫 번째 책을 주었다.

① ⓐ
② ⓑ
③ ⓒ
④ ⓓ
⑤ ⓔ

09 밑줄 친 최상급 단어의 원급을 고르시오.

> In this ward, he was the <u>worst</u>
> among us therefore he was
> isolated.

ward 병동

① good
② well
③ bad
④ ill
⑤ old

10 다음 중 형용사의 쓰임이 <u>어색한</u> 것을 고르시오.

① The painting she gave me is real.
② Don't worry, I am alive.
③ You need her complete support.
④ I still don't know the main reason.
⑤ Nobody wants to be alone.

[11~13] 다음 대화를 읽고 물음에 답하시오.

> Sam : ⓐ <u>How fantastic!</u> Where did you
>   take these photos?
> Dan : ⓑ <u>At the Lantern Festival.</u> It is held
>   ⓒ <u>in every fall.</u>
> Sam : 만일 너와 함께 갔다면 지금 그 사진에 내가
>   있을텐데.
> Dan : I am planning ⓓ <u>to visit</u> there again
>   tomorrow to interview citizens
>   ⓔ <u>who participate</u> as staff.
> Sam : I'd love to __ⓕ__ if you don't mind.
> Dan : No problem. I will pick you up.
>   You should dress warmly.

11 ⓐ~ⓔ 중 어법상 어색한 것을 고르시오.

① ⓐ   ② ⓑ
③ ⓒ   ④ ⓓ
⑤ ⓔ

12 밑줄 친 우리말을 가정법을 사용하여 영작하시오.

→ If I _____ with you,
  I _____ in that photos.

13 ⓕ에 생략된 내용을 찾아 쓰시오.

→ _____

14 다음 밑줄 친 부분에 바꾸어 써도 의미가 같은 것을 고르시오.

> <u>Whenever</u> you check out books at the library, you should recognize that there will be a penalty for overdue books.
>
> 당신이 도서관에서 책을 대출할 때는 언제든지 당신은 기한이 지난 책에 대해서 벌금이 있을 거라는 것을 인지해야 합니다.

check out 대출받다   overdue 기한이 지난

① at any time when
② at any place where
③ no matter when
④ no matter where
⑤ no matter how

15 다음 중 두 문장에 공통으로 들어갈 수 있는 전치사를 고르시오.

> - There is no one else _____ me for you.
> - I was so embarrassed. This raisin here looks _____ a cockroach.

raisin 건포도   cockroach 바퀴벌레

① but
② as
③ despite
④ except
⑤ like

16 다음 주어진 단어를 활용하여 우리말에 맞게 영작하시오.

> 오늘 야외 행사를 위한 따뜻한 담요들이 여기 있다.

(Here, blankets, outdoor, event)

→ _____

_____

17 빈칸에 알맞은 것을 고르시오.

> (However, Wherever) childishly he acts in front of you, don't be stressed out.

→ _____

18 다음 빈칸에 들어갈 전치사들이 올바르게 짝지어 진 것을 고르시오.

> You need to pay at least ten thousand dollars _____ kilogram _____ Christmas.

① for - at
② for - on
③ for - in
④ by - at
⑤ by - on

19 다음 중 우리말을 참고하여 어법상 어색한 부분을 찾아 고치시오.

> Without a spare tire in the trunk of his car, he might stay over night in his car yesterday.
> 여분의 타이어가 그의 차 트렁크 안에 없었다면, 어제 그는 차 안에서 하룻밤을 보내야 했을 텐데.

_____ → _____

20 다음 가정법 문장을 직설법으로 바꿀 때, 밑줄 친 부분을 올바르게 옮긴 것을 고르시오.

> If she had checked the expiration dates before drinking a cup of milk, <u>she would not be sick.</u>
> = As she did not check the expiration dates before drinking a cup of milk, _____.

expiration dates 유통기한

① she will not be sick.
② she will be sick.
③ she is not sick.
④ she is sick.
⑤ she would be sick.

[21-22] 다음 글을 읽고 물음에 답하시오.

> I hate the word 'sale'. Whenever I find something that I really want, I am not the person who is hesitating so long. ⓐ <u>I make my mind up as soon as possible</u>. The sale season is coming up very soon. Even though I know that I had better wait for it to pay ⓑ <u>less</u> money, I do not want to spend time thinking about what I should do if it will be sold out in the future. So, ⓒ <u>I believe it better to buy it soon without any worries</u>.

21 밑줄 친 ⓐ와 같은 뜻이 되도록 빈칸에 들어갈 동사를 고르시오.

> I make my mind as soon as I _____.

① could   ② should
③ would   ④ can
⑤ will

22 ⓑ의 원급 형용사를 쓰시오.

→ _____

23 밑줄 친 ⓒ을 우리말로 올바르게 옮기시오.

→ _____

_____

24 다음 문장에서 진주어를 찾아 쓰시오.

> It is discovered that she was the accomplice by one of policemen.

accomplice 공범

→ _____

25 다음 중 형용사가 수식하는 위치가 <u>다른</u> 것을 고르시오.

① anybody
② someone
③ anywhere
④ somehow
⑤ nobody

MEMO